黑龙江

哈尔滨

内蒙古自治区

长春 吉林

沈阳

辽宁

北京市

朝鲜

呼和浩特

恒山

天津市

河北

银川

太原 石家庄

山西 济南 泰山

山东

陕西

嵩山 郑州

西安 华山 河南

江苏

合肥 南京

上海市

湖北 武汉 安徽 黄山 杭州

庐山 浙江

重庆市 南昌

长沙 江西

湖南 衡山 福州

贵州 福建 台北

贵阳 台湾

广西壮族自治区 广东

南宁 广州

澳门 香港

海口

海南

渤海

黄海

日本

太湖

东海

台湾海峡

南海

北回帰線

松花江

50°

45°

135°

35°

30°

25°

130°

20°

0   400   800km

110°   115°   120°   125°

スリム版

中国語で伝えよう！

楊凱栄 ● 張麗群

朝日出版社

音声ダウンロード

 音声再生アプリ「リスニング・トレーナー」(無料)

朝日出版社開発のアプリ、「リスニング・トレーナー（リストレ）」を使えば、教科書の音声をスマホ、タブレットに簡単にダウンロードできます。どうぞご活用ください。

まずは「リストレ」アプリをダウンロード

▶ App Store はこちら

▶ Google Play はこちら

アプリ【リスニング・トレーナー】の使い方

❶ アプリを開き、「**コンテンツを追加**」をタップ

❷ QRコードをカメラで読み込む

❸ QRコードが読み取れない場合は、画面上部に 45341 を入力し「Done」をタップします

パソコンからも以下のURLから音声をダウンロードできます

http://audiobook.jp/exchange/asahipress

▶ **音声ダウンロード用のコード番号【45341】**

※ audiobook.jp への会員登録（無料）が必要です。すでにアカウントをお持ちの方はログインしてください。

Webストリーミング音声

http://text.asahipress.com/free/ch/tsutaeyou-slim

まえがき

　本テキストは昨年出版した『中国語で伝えよう』のスリム版です。本来週二回の授業用に作成したテキストでしたが、週一回の授業でも使えるようにしてほしいという声に応えるため、もともと24課あったものを16課に凝縮させました。日本に居ながらでも様々な場面において中国語で中国人と交流するというコンセプトは残されており、また一年生が学習しなければならない重要な文法項目や基本語句ももれなく収められています。それ以外にも改定後のスリム版は以下のような特徴があります。

1. スキットでは簡潔で自然な会話がテンポよく展開され、セリフも覚えやすくなっています。
2. ポイントでは初級に必要な文法事項を厳選し、16課内でも基本文法項目を習得できるようにするため、1課ごとの文法事項を4ないし5項目に設定し、わかりやすい解説が加えられています。
3. 学習した文法項目の定着のために、練習問題は従来通り項目ごとの作文のほかに、課文の最後にそれぞれリスニングによる単語のチェックや口頭による置き換え練習など多彩なドリルも設けられており、ドリルを通じて、課文のポイントや語句が習得できたかどうか確かめることができます。
4. これまでと同様、巻末にスキットの内容をまとめた簡単な読み物がついており、辞書を用いなくても理解できる内容です。これによって、一年学習した成果も実感できます。

　以上の特徴を備えた本書ですが、スリム版の最大のねらいは何といっても、限られた時間（週一コマ）において、中国語によるコミュニケーションの基本を身につけることです。本書をご使用の先生方や学生の皆さんはぜひ忌憚なきご意見、ご感想をお寄せいただきたいです。最後に本書の作成にあたり、朝日出版社の中西睦夫氏と許英花氏のお世話になりました。改めてお礼申し上げます。

著　者

目 次

1 声調と単母音

1 声 調 🔊 001

　中国語の発音は"拼音"（ピンイン）と呼ばれる中国式ローマ字綴りと声調記号で表示されます。中国語には四つの声調があり、これを"四声"と言います。

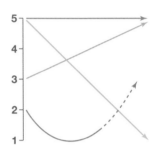

第一声	ā	高く明るく平らにのばす
第二声	á	尻上がりに
第三声	ǎ	低くおさえてのばす
第四声	à	高いところから一気におとす
軽 声	a	単独では発音されず、他の声調のあとに軽く添えるようにする

mā

má

mǎ

mà

一声＋軽声

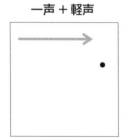

māma

二声＋軽声

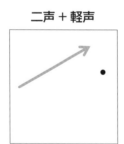

máma

三声＋軽声

mǎma

四声＋軽声

màma

māma mà mǎ.
　妈妈　骂　马。（お母さんは馬を叱る）

　❀ 声調記号は ˉ ˊ ˇ ˋ で表し、母音の上につける。

2 **単母音**（6個）   002

a 口を大きく開ける

o 唇をまるめる

e 口をやや左右に開いて発音する

i 口を左右に開いて子供が「イーダ！」という感じで

u 唇をまるく突き出す

ü 口をすぼめて、横笛を吹くような感じで

3 **そり舌母音**

er 舌をそりあげ、e と a の中間ぐらいの音を出すような感じで

練習してみよう

ā	á	ǎ	à		á	ā	à	ǎ
ō	ó	ǒ	ò		ò	ǒ	ó	ō
ē	é	ě	è		ě	é	è	ē
ī	í	ǐ	ì		ī	ì	ǐ	í
ū	ú	ǔ	ù		ù	ú	ǔ	ū
ǖ	ǘ	ǚ	ǜ		ǘ	ǖ	ǜ	ǚ
ēr	ér	ěr	èr		ěr	ér	ēr	èr

❋【母音の綴り方】
　i, u, ü の前に子音がついていないときはそれぞれ yi, wu, yu と綴る。

発音編

1 発音してみよう。

(1) a　　o　　e　　　(2) i　　ü　　u

(3) er　　e　　a　　　(4) ü　　i　　e

(5) o　　u　　er　　　(6) a　　u　　i

2 発音されたほうに○をつけなさい。 003

(1) ⎧ yǐ （　　）
　　⎩ yǔ （　　）

(2) ⎧ à （　　）
　　⎩ è （　　）

(3) ⎧ è （　　）
　　⎩ ò （　　）

(4) ⎧ é （　　）
　　⎩ ér （　　）

(5) ⎧ yú （　　）
　　⎩ wú （　　）

(6) ⎧ wǔ （　　）
　　⎩ ǒ （　　）

3 発音を聞いて、ピンイン（声調も）で書き取りなさい。 004

(1) ....　　(2) ....　　(3) ....

(4) ....　　(5) ....　　(6) ....

4 発音を聞いて、声調をつけなさい。  005

yi

er

eyu

yuyi

yu

ayi

2 複合母音 （13個） 🔊 006

ai	ei	ao	ou	ia	ie	ua	uo	üe
				(ya)	(ye)	(wa)	(wo)	(yue)

iao	iou	uai	uei
(yao)	(you)	(wai)	(wei)

① ＞型 （前を強く）

āi	ái	ǎi	ài		ēi	éi	ěi	èi
āo	áo	ǎo	ào		ōu	óu	ǒu	òu

② ＜型 （後ろを強く）

yā	yá	yǎ	yà		yē	yé	yě	yè
wā	wá	wǎ	wà		wō	wó	wǒ	wò
yuē	yué	yuě	yuè					

③ ◇型 （真ん中を強く）

yāo	yáo	yǎo	yào		yōu	yóu	yǒu	yòu
wāi	wái	wǎi	wài		wēi	wéi	wěi	wèi

iou と uei の違い

- **iou** の前に子音がつくときは、**iu** と綴る

  iou → iu　　xiù　qiū　liù

- **uei** の前に子音がつくときは、**ui** と綴る

  uei → ui　　huì　chuī　shuǐ

❀ 複合母音の声調のつけ方はおおかた口の開き方の大きさに対応し、次のようになる。

　・開きの大きい a が優先される。a がなければ o か e につける。
　・i、u が並ぶ場合は、guǐ xiū のように後ろにつける。
　・i は ī í ǐ ì のように上の点をとって声調記号をつける。

1 発音してみよう。

(1) éi   yǒu   wèi　　(2) āi   yá   yǎo

(3) ǎo   wài   wā　　(4) yè   ǒu   wēi

(5) yuē   yé   ài　　(6) wǒ   yuē   yào

2 発音されたほうに○をつけなさい。 🔊 007

(1) ⎰ yǒu   (　)　　(2) ⎰ yé   (　)　　(3) ⎰ ào   (　)
　　⎱ ǒu   (　)　　　　⎱ éi   (　)　　　　⎱ yào (　)

(4) ⎰ yá   (　)　　(5) ⎰ wāi (　)　　(6) ⎰ yuè (　)
　　⎱ wá   (　)　　　　⎱ wēi (　)　　　　⎱ yè   (　)

3 発音を聞いて、ピンイン（声調も）で書き取りなさい。 🔊 008

(1) ....　(2) ....　(3) ....

(4) ....　(5) ....　(6) ....

4 発音を聞いて、声調をつけなさい。 🔊 009

waiyi

ou

youyu

wo

ya

yeye

3 子音 （21 個）🔊 010

唇音	b(o)	p(o)	m(o)	f(o)
舌尖音	d(e)	t(e)	n(e)	l(e)
舌根音	g(e)	k(e)	h(e)	
舌面音	j(i)	q(i)	x(i)	
そり舌音	zh(i)	ch(i)	sh(i)	r(i)
舌歯音	z(i)	c(i)	s(i)	

⑴ **無気音と有気音**

無気音	有気音
bái （白）	pái （牌）
dà （大）	tà （踏）
gè （各）	kè （课）
jiē （街）	qiē （切）
zhè （这）	chè （彻）
zài （在）	cài （菜）

無気音：強い息を出さずに発音する。

有気音：強い息を伴って発音する。

Dùzi bǎo le.
肚子 饱 了。（おなかがいっぱいになった）

Tùzi pǎo le.
兔子 跑 了。（兎が逃げた）

⑵ **そり舌音**

zh： 舌をそりあげ、硬口蓋にあてて出す無気音。

ch： 舌をそりあげ、硬口蓋にあてて出す有気音。

sh： 舌をそりあげ、息を摩擦させて発音する。

r ： 舌をそりあげ、硬口蓋にあてずに発音する。

chī ròu （吃肉）　　　　zhīchí（支持）　　　rèshuǐ（热水）
肉を食べる　　　　　　　支持する　　　　　　お湯

Zhè shì shū （这是书。）　zhīshi（知识）　　　shūshì（舒适）
これは本です。　　　　　知識　　　　　　　　心地よい

綴り方と発音の違い

• i は子音との組み合わせによって、実際には三つの異なった音を持つ。

⑴ ji qi xi … [i]　　⑵ zhi chi shi ri … [ɭ]　　⑶ zi ci si … [ɿ]

• j, q, x に ü が続くときは u と綴る。

jù qù xù

1 発音してみよう。

(1) chī shìzi （柿を食べる）　　　　(2) qù yóujú （郵便局に行く）

(3) mǎi shū （本を買う）　　　　(4) fúwù hǎo （サービスがよい）

四 是 四　　　十 是 十　　　十 四 是 十 四　　　四 十 是 四 十
sì shì sì　　shí shì shí　　shísì shì shísì　　sìshí shì sìshí

2 発音されたほうに○をつけなさい。　🔊 011

(1) { kǒu　　（　　）
{ gǒu　　（　　）

(2) { diào　　（　　）
{ tiào　　（　　）

(3) { sǐ　　（　　）
{ xǐ　　（　　）

(4) { zhīdao　　（　　）
{ chídào　　（　　）

(5) { shìzi　　（　　）
{ rìzi　　（　　）

(6) { bái　　（　　）
{ pái　　（　　）

3 発音を聞いて、ピンイン（声調も）で書き取りなさい。　🔊 012

(1) ....　　(2) ....　　(3) ....

(4) ....　　(5) ....　　(6) ....

4 発音を聞いて、声調をつけなさい。　🔊 013

pixie

doufu

zhuzi

feiji

chaye

niunai

4 鼻母音（16個） 🔊 014

an	ang	en	eng	in	ing
				(yin)	(ying)

ian	iang	uan	uang	uen	ueng
(yan)	(yang)	(wan)	(wang)	(wen)	(weng)

üan	ün	ong	iong
(yuan)	(yun)		(yong)

• n と ng 発音の違い

ānquán（安全）　　pángbiān（旁边）　　shēngmìng（生命）
安全　　　　　　　となり　　　　　　　命

yǒnggǎn（勇敢）　　kùnnan（困难）　　jīntiān（今天）
勇敢だ　　　　　　困難　　　　　　　　今日

• ian と iang の違い

yān　—　yāng　　　　　yán　—　yáng
烟　　　央　　　　　　　盐　　　羊

yǎn　—　yǎng　　　　　yàn　—　yàng
眼　　　养　　　　　　　咽　　　样

miányáng（绵羊）　　xiànxiàng（现象）　　xiàngpiàn（相片）
羊　　　　　　　　　現象　　　　　　　　写真

miànqián（面前）　　jiānqiáng（坚强）　　xiǎngniàn（想念）
目の前　　　　　　　強い　　　　　　　　恋しい

1 発音してみよう。

(1) Chángchéng　　　（长城）　　（万里の長城）

(2) Tiāntán Gōngyuán （天坛公园）（天壇公園）

(3) chuánshang　　　（船上）　　（船の上）

(4) chuángshang　　　（床上）　　（ベッドの上）

2 発音されたほうに○をつけなさい。🔊 015

(1)
| xiàn | （　） |
| xiàng | （　） |

(2)
| guǎn | （　） |
| guǎng | （　） |

(3)
| qín | （　） |
| qíng | （　） |

(4)
| lún | （　） |
| lóng | （　） |

(5)
| rénmín | （　） |
| rénmíng | （　） |

(6)
| zhēn hǎo | （　） |
| zhènghǎo | （　） |

3 発音を聞いて、ピンイン（声調も）で書き取りなさい。🔊 016

(1) ....　(2) ....　(3) ....

(4) ....　(5) ....　(6) ....

4 発音を聞いて、声調をつけなさい。🔊 017

chenshan

gangqin

denglong

dianying

xinyongka

xiongmao

5 発音の規則

1 声調の変化 🔊 018

3声と3声が続くときは前の3声が2声で発音されます。

表記	発音	
3声＋3声	2声＋3声	
nǐ hǎo	ní hǎo	（你好）
liǎo jiě	liáojiě	（了解）
hǎi shuǐ	háishuǐ	（海水）
zhǎn lǎn guǎn	zhánlánguǎn	（展覧館）

2 半3声 🔊 019

3声以外の音節の前に位置する3声はすべて半3声で発音されます。

我 喝（私が飲む）	我 拿（私が持つ）	我 做（私がする）	我 的（私の）
wǒ hē	wǒ ná	wǒ zuò	wǒ de

3 "不 bù" 否定副詞の変調 🔊 020

表記は変調後の声調になります。

	1声	bù tīng	（不听）	（聞かない）
bù（4声）＋	2声	bù xué	（不学）	（学ばない）
	3声	bù xǐ	（不洗）	（洗わない）
		bú dà	（不大）	（大きくない）
bú（2声）＋	4声	bú liàng	（不亮）	（明るくない）
		bú kùn	（不困）	（眠くない）

4 "一 yī" の変調 🔊 021

後に1声、2声、3声が続くときは4声で発音されます。

		1声	yì bēi	（一杯）	（一杯）
yì（4声）+		2声	yì pán	（一盘）	（一皿）
		3声	yì wǎn	（一碗）	（一膳）

後に4声が続くときは2声で発音されます。

		yí kè	（一课）	（一課）
yí（2声）+	4声	yí cì	（一次）	（一回）
		yí dài	（一袋）	（一袋）

数字のつぶ読みや序数、末尾のときは1声のままで発音されます。

yī（1声）	dì yī cì	（第一次）	（一回目）
	yī hào	（一号）	（ついたち）
	sìshiyī	（四十一）	（四十一）

5 r化の発音 🔊 022

⑴ rの添加

niǎo（鸟）— niǎor（鸟儿)　　　huā（花）— huār（花儿）

⑵ n、iの脱落

jīn（今）— jīnr（今儿）

xiāngwèi（香味）— xiāngwèir（香味儿）

⑶ ng の脱落、鼻音化

yǒu kòng（有空）— yǒu kòngr（有空儿）

⑷ ［ɭ］が［ə］になる

shì（事）— shìr（事儿）

❋【隔音符号】
・ａ ｏ ｅで始まる音節が続く場合、その前に'（隔音符号）をつけて、前の音節との切れ目を表す。

yīn'àn（阴暗）	pí'ǎo（皮袄）
yínán（疑难）	piào（票）

♣中国語の音節構造 🔊 023

声母	韻母			声調	音節と漢字	
	介音	主母音	尾音			
		a		ー	ā	（啊）
p		a		＼	pà	（怕）
j	i	e		∨	jiě	（姐）
t		a	o	／	táo	（逃）
q	u	a	n	／	quán	（全）

♣声調の組み合わせのパターン 🔊 024

	1声	2声	3声	4声	軽声
1声	shāfā 沙发	kōngtiáo 空调	zhōngbiǎo 钟表	biānpào 鞭炮	yīfu 衣服
2声	máoyī 毛衣	píqiú 皮球	píjiǔ 啤酒	yóuhuà 油画	pánzi 盘子
3声	jiǔbā 酒吧	shuǐhú 水壶	shuǐguǒ 水果	jiǔcài 韭菜	yǐzi 椅子
4声	dàngāo 蛋糕	lùchá 绿茶	bàozhǐ 报纸	fàndiàn 饭店	dòufu 豆腐

発音編

♣教室用語 🔊 026

～同学	～ tóngxué	～さん
到	dào	(出席をとる場合の返事) はい。
请把书翻到第2页。	Qǐng bǎ shū fāndào dì èr yè.	2ページを開いてください。
请跟我读一遍。	Qǐng gēn wǒ dú yí biàn.	私のあとについて読んでください。
请大点儿声说。	Qǐng dà diǎnr shēng shuō.	大きな声で言ってください。
请再说一遍。	Qǐng zài shuō yí biàn.	もう一度言ってください。
请翻译一下。	Qǐng fānyì yíxià.	訳してください。
请回答。	Qǐng huídá.	答えてください。

♣品詞名表示法 😮

名	名词	名詞
動	动词	動詞
形	形容词	形容詞
代	代词	代名詞
助	助词	助詞
助動	能愿动词	助動詞
副	副词	副詞
前置	介词	前置詞
感	叹词	感動詞
接	连词	接続詞
量	量词	助数詞
数量	数量词	数量詞

主な登場人物

田原 亮 (夫)
(サラリーマン)

田原 櫻子 (妻)
(主婦)

田原 雪 (娘)
(20歳 大学2年生)

田原 剛 (息子)
(14歳 中学2年生)

李 梅
(19歳 中国人 大学2年生)

初次 见面。
Chūcì jiàn miàn.

）027

本文 空港での出迎え

田原亮:
你 是 李 梅 同学 吗?
Tiányuán Liàng: Nǐ shì Lǐ Méi tóngxué ma?

李梅:
是, 我 是 李 梅。
Lǐ Méi: Shì, wǒ shì Lǐ Méi.

田原亮:
我 姓 田原, 叫 田原 亮。
Wǒ xìng Tiányuán, jiào Tiányuán Liàng.

李梅:
田原 先生, 您 好。
Tiányuán xiānsheng, nín hǎo.

田原亮:
你 好。
Nǐ hǎo.

李梅:
初次 见面, 请 多 关照。
Chūcì jiàn miàn, qǐng duō guānzhào.

）028

本文の語句

☆ 初次见面 chūcì jiàn miàn　はじめまして
☆ 你 nǐ 代 あなた
☆ 是 shì 動 ～です
☆ 同学 tóngxué 名 ～さん(君)、クラスメート
☆ 吗 ma 助 ～か(疑問)
☆ 我 wǒ 代 わたし
☆ 姓 xìng 動 (苗字は)～という

☆ 叫 jiào 動 (名前は)～という
☆ 先生 xiānsheng 名 ～さん(男性に対する敬称)
☆ 您 nín 代 あなた(敬称)
☆ 您好 nín hǎo (敬意をこめて)こんにちは
☆ 你好 nǐ hǎo　こんにちは
☆ 请多关照 qǐng duō guānzhào
　　どうぞよろしくお願いします

POINT 1　人称代名詞

第一人称	第二人称	第三人称
我　wǒ 私	你 / 您 nǐ/nín あなた	他 / 她 / 它　　　　tā 彼／彼女／それ
我们 wǒmen 私たち	你们　　nǐmen あなたたち	他们 / 她们 / 它们 tāmen 彼ら／彼女たち／それら

POINT 2　"是"を用いる動詞述語文

"是"は「～だ」の意味を表します。否定は"不是 bú shì"になります。(☞ 第2課 動詞述語文)

我是日本人。　　　　Wǒ shì Rìběnrén.

她不是留学生。　　Tā bú shì liúxuéshēng.

訳してみよう 🐷📷

(1)　彼女たちはアメリカ人です。　...

(2)　彼は医者です。　　　　　　　...

(3)　私は中国人ではない。　　　　...

POINT 3　"吗"疑問文

"吗"は平叙文の文末に用い、「～か」「～ですか」というような疑問の意味を表します。

你是老师吗？　　Nǐ shì lǎoshī ma?

他是中国人吗？　　Tā shì Zhōngguórén ma?

訳してみよう 🐷📷

(1)　彼は日本人ですか。　　　　...

(2)　あなたは大学生ですか。　　...

(3)　彼はアメリカ人ですか。　　...

POINT **4**　名前の言い方

　名字だけを言う場合は「"姓"＋名字」の形を用い、フルネームを言う場合は「"叫"＋フルネーム」の形を用います。

您贵姓? ➡ **我姓王。**　Nín guìxìng? ➡ Wǒ xìng Wáng.

他姓山本，叫山本洋。　Tā xìng Shānběn, jiào Shānběn Yáng.

🐱💬 訳してみよう

(1)　私は山本と言います。

(2)　お名前（名字）は何とおっしゃいますか。

(3)　彼は田原洋と言います。

ポイント＆ドリル語句

☆日本人 Rìběnrén 名日本人　☆她 tā 代彼女　☆不 bù 副否定を表す。〜ではない、〜しない。いいえ　☆留学生 liúxuéshēng 名留学生　☆美国人 Měiguórén 名アメリカ人　☆他 tā 代彼　☆医生 yīshēng 名医者　☆中国人 Zhōngguórén 名中国人　☆老师 lǎoshī 名教師、先生　☆大学生 dàxuéshēng 名大学生　☆贵姓 guìxìng お名前は〜（名字）　☆学生 xuésheng 名学生

POINT
WORDS

1 発音された語句の番号を下線に書きなさい。 ◀》032

| 1 | 2 | 3 | 4 |

(1) .... (2) .... (3) ....

2 発音を聞いて、ピンインで書きなさい。 ◀》033

(1) .... (2) ....

(3) .... (4) ....

3 与えられた語句を使って、練習してみよう。

你是 ＿＿＿＿＿＿＿＿ 吗？ 我是 / 不是 ＿＿＿＿＿＿＿＿。

中国人　　日本人　　老师　　学生

4 適切な語句を（　）内に入れ、日本語に訳しなさい。

(1) 我（　　　）山本洋。

訳 ....

(2) 你（　　　）美国人（　　　）?

訳 ....

5 正しい語順に並べ替え、漢字に直しなさい。

(1) Zhōngguórén / nǐ / ma / shì

....

(2) bù / liúxuéshēng / shì / wǒ

....

(3) Shānběn / xìng / tā / Shānběn Liàng / jiào

....

很 好吃。
Hěn hǎochī.

とてもおいしいです

🔊 034

本文 田原さんの家に向かう途中、とあるレストランに入った二人

田原亮： 这 是 菜单。
Zhè shì càidān.

李 梅： 谢谢。（メニューを見ながら） 这 是 拉面 吗？
Xièxie. Zhè shì lāmiàn ma?

田原亮： 是， 这 是 拉面。
Shì, zhè shì lāmiàn.

李 梅： 这 也 是 拉面 吗？
Zhè yě shì lāmiàn ma?

田原亮： 不， 那 是 荞麦面。
Bù, nà shì qiáomàimiàn.

李 梅： 荞麦面 好吃 吗？
Qiáomàimiàn hǎochī ma?

田原亮： 很 好吃。
Hěn hǎochī.

李 梅： 那 我 吃 荞麦面。
Nà wǒ chī qiáomàimiàn.

🔊 035

本文の語句

☆ 很 hěn 副 とても
☆ 好吃 hǎochī 形 おいしい
☆ 这 zhè 代 これ
☆ 菜单 càidān 名 メニュー
☆ 谢谢 xièxie ありがとうございます
☆ 拉面 lāmiàn 名 ラーメン

☆ 也 yě 副 も
☆ 那 nà 代 それ、あれ
☆ 荞麦面 qiáomàimiàn 名 そば
☆ 那 nà 接続 それでは
☆ 吃 chī 動 食べる

HONBUN
WORDS

036

POINT 1　指示代名詞 "这、那"

　"这" は近称、"那" は遠称を表します。不定称は "哪" を用います。中国語の指示代名詞の体系は日本語とは異なり、およそ以下のような対応関係を示しています。("哪" ☞ 第 4 課 疑問詞疑問文)

近称		遠称	不定（疑問）
这 zhè/zhèi		**那** nà/nèi	**哪** nǎ/něi
こ（れ）	そ（れ）	あ（れ）	どれ

这是你的咖啡。　　Zhè shì nǐ de kāfēi.

那不是乌龙茶。　　Nà bú shì wūlóngchá.

訳してみよう

(1)　これはパンです。　　　　..

(2)　それはコーヒーです。　　..

(3)　これは紅茶ではない。　　..

POINT 2　形容詞述語文

　形容詞を述語に用いて文を言い切るときは "很" などの副詞が必要です。"很" などのない文は比較の意味を表します。ただし、疑問文や否定文には "很" が必要ではありません。

汉语难，英语不难。　　Hànyǔ nán, Yīngyǔ bù nán.

面包很好吃。　　　　　Miànbāo hěn hǎochī.

车站不远。　　　　　　Chēzhàn bù yuǎn.

訳してみよう

(1)　中華料理はとても美味しい。　　..

(2)　ウーロン茶はおいしいですか。　　..

(3)　中国は遠くない。　　　　　　　　..

26

POINT 3 　副詞"也"

述語の前に用い、同じであることを表します。日本語の「〜も」に相当します。

　　她也是日本人。Tā yě shì Rìběnrén.　　英语也很难。Yīngyǔ yě hěn nán.

　　中国菜好吃，日本菜也好吃。　Zhōngguócài hǎochī, rìběncài yě hǎochī.

訳してみよう

(1) 彼女も大学生です。　　　　　...

(2) 寿司もとてもおいしい。　　　...

(3) これもあなたのです。　　　　...

POINT 4 　動詞述語文

　動詞が述語になる文です。目的語を伴う場合は「主語＋述語＋目的語」の語順になります。「現在、未来」の否定については副詞"不"を用います。

　　我听音乐。　　　　Wǒ tīng yīnyuè.

　　李梅不吃生鱼片。　Lǐ Méi bù chī shēngyúpiàn.

訳してみよう

(1) 彼女は中国語を学ぶ。　　　　　...

(2) あなたはコーヒーを飲みますか。　...

(3) 私もパンを食べない。　　　　　...

ポイント＆ドリル語句

☆ 的 de 助 の　☆ 咖啡 kāfēi 名 コーヒー　☆ 乌龙茶 wūlóngchá 名 ウーロン茶　☆ 面包 miànbāo 名 パン　☆ 红茶 hóngchá 名 紅茶　☆ 汉语 Hànyǔ 名 中国語　☆ 难 nán 形 難しい　☆ 英语 Yīngyǔ 名 英語　☆ 车站 chēzhàn 名 駅　☆ 远 yuǎn 形 遠い　☆ 中国菜 zhōngguócài 名 中華料理　☆ 好喝 hǎohē 形 （飲み物が）おいしい　☆ 中国 Zhōngguó 名 中国　☆ 日本菜 rìběncài 名 日本料理　☆ 寿司 shòusī 名 寿司　☆ 听 tīng 動 聴く　☆ 音乐 yīnyuè 名 音楽　☆ 生鱼片 shēngyúpiàn 名 さしみ　☆ 学习 xuéxí 動/名 勉強する、学習　☆ 喝 hē 動 飲む　☆ 饺子 jiǎozi 名 ギョーザ　☆ 看 kàn 動 見る　☆ 电视 diànshì 名 テレビ

1 発音された語句の番号を下線に書きなさい。 🔊 039

① ② ③ ④

(1) .... (2) .... (3) ....

2 発音を聞いて、ピンインで書きなさい。 🔊 040

(1) .... (2) ....

(3) .... (4) ....

3 与えられた語句を使って、練習してみよう。

你 .... 吗？ 我（不）..................... 。

吃饺子　　学习英语　　看电视

4 適切な語句を（　）内に入れ、日本語に訳しなさい。

(1) 咖啡（　　　）好喝。

訳 ....

(2) 寿司好吃，生鱼片（　　　）好吃。

訳 ....

5 正しい語順に並べ替え、漢字に直しなさい。

(1) chī / tā / shēngyúpiàn / bù

....

(2) hǎochī / zhōngguócài / hěn

....

(3) nǐ / kāfēi / yě / ma / hē

....

她 今年 二十 岁。
Tā jīnnián èrshí suì.

彼女は今年20歳です

🔊 041

本文 車の中にて

李梅: 您 去过 中国 吗?
Nín qùguo Zhōngguó ma?

田原亮: 没 去过。 我 女儿 去过。
Méi qùguo. Wǒ nǚ'ér qùguo.

李梅: 您 女儿 是 高中生 吗?
Nín nǚ'ér shì gāozhōngshēng ma?

田原亮: 不, 她 是 大学 二 年级 的 学生。
Bù, tā shì dàxué èr niánjí de xuésheng.

李梅: 跟 我 一样。
Gēn wǒ yíyàng.

田原亮: 你 今年 多 大?
Nǐ jīnnián duō dà?

李梅: 十九 岁。 您 女儿 也 十九 岁 吗?
Shíjiǔ suì. Nín nǚ'ér yě shíjiǔ suì ma?

田原亮: 不, 她 今年 二十 岁。
Bù, tā jīnnián èrshí suì.

🔊 042

本文の語句

☆ 今年 jīnnián 名 今年 　　　　　 ☆ 高中生 gāozhōngshēng 名 高校生

☆ 岁 suì 量 才、歳 　　　　　　　 ☆ 大学 dàxué 名 大学

☆ 去 qù 動 行く 　　　　　　　　 ☆ 年级 niánjí 名 学年

☆ 过 guo 助 ～たことがある 　　　 ☆ 跟 gēn 接続 ～と

☆ 没 méi 副 ない、～ない 　　　　 ☆ 一样 yíyàng 形 同じである

☆ 女儿 nǚ'ér 名 娘 　　　　　　　 ☆ 多大 duō dà （年齢を聞く）おいくつですか

HONBUN
WORDS

043

POINT 1　動詞＋"过"

"过"は動詞の後ろに用い、経験を表します。日本語の「～したことがある」という意味になります。否定は"没(有)"を用い、"过"を残す必要があります。

她去过法国。　　　　Tā qùguo Fǎguó.

我没吃过北京烤鸭。　Wǒ méi chīguo Běijīng kǎoyā.

 訳してみよう

(1)　私は中国映画を見たことがある。　　　...

(2)　彼は中国の水ギョーザを食べたことがない。　...

(3)　あなたは飛行機に乗ったことがありますか。　...

POINT 2　"的"の省略

人称代名詞の後に親族(友人)関係や所属関係などを表す名詞が来る場合、**"我妈妈"**のように通常**"的"**が省略されます。

我弟弟喜欢吃面包。　Wǒ dìdi xǐhuan chī miànbāo.

他家很远。　　　　　Tā jiā hěn yuǎn.

 訳してみよう

(1)　私達の大学はとても大きい。　　　　...

(2)　彼女の弟は新幹線に乗ったことがない。　...

(3)　私の姉もコーヒーを飲むのが好きだ。　...

POINT 3　数字、日にち、曜日、年齢の言い方

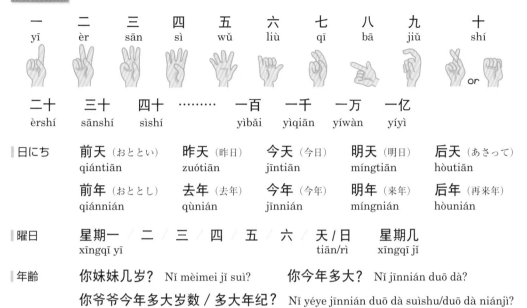

一 yī	二 èr	三 sān	四 sì	五 wǔ	六 liù	七 qī	八 bā	九 jiǔ	十 shí

or

二十 èrshí	三十 sānshí	四十 sìshí	………	一百 yìbǎi	一千 yìqiān	一万 yíwàn	一亿 yíyì

日にち	前天（おととい）qiántiān	昨天（昨日）zuótiān	今天（今日）jīntiān	明天（明日）míngtiān	后天（あさって）hòutiān
	前年（おととし）qiánnián	去年（去年）qùnián	今年（今年）jīnnián	明年（来年）míngnián	后年（再来年）hòunián

曜日	星期一 xīngqī yī ／ 二 ／ 三 ／ 四 ／ 五 ／ 六 ／ 天／日 tiān/rì　星期几 xīngqī jǐ

年齢　你妹妹几岁？ Nǐ mèimei jǐ suì?　　你今年多大？ Nǐ jīnnián duō dà?

你爷爷今年多大岁数／多大年纪？ Nǐ yéye jīnnián duō dà suìshu/duō dà niánjì?

POINT 4　名詞述語文

中国語ではたとえ名詞でも何らかの変化や性質を表すもの（年齢、日時、順序、天気など）であれば、述語としてそのまま用いられます。否定には"不是"を使います。

今天星期四。Jīntiān xīngqī sì.　　明天八月十五号。Míngtiān bā yuè shíwǔ hào.

她今年三十岁。Tā jīnnián sānshí suì.

訳してみよう

(1)　彼女の妹は20歳だ。　...

(2)　明日は何曜日ですか。　...

(3)　今日は26日ではない。　...

ポイント＆ドリル語句

☆法国 Fǎguó 名フランス　☆北京烤鸭 Běijīng kǎoyā 名北京ダック　☆电影 diànyǐng 名映画　☆水饺儿 shuǐjiǎor 名水ギョーザ　☆坐 zuò 動乗る、坐る　☆飞机 fēijī 名飛行機　☆弟弟 dìdi 名弟　☆喜欢 xǐhuan 動好きだ　☆家 jiā 名家　☆大 dà 形大きい　☆新干线 xīngànxiàn 名新幹線　☆姐姐 jiějie 名姉　☆星期 xīngqī 名曜日　☆几 jǐ 代 (10未満の数を尋ねる)いくつ　☆妹妹 mèimei 名妹　☆爷爷 yéye 名 (父方)祖父　☆岁数 suìshu 名 (目上の人の)年齢　☆年纪 niánjì 名 (目上の人の)年齢　☆今天 jīntiān 名今日　☆明天 míngtiān 名明日　☆月 yuè 名月　☆号 hào 量〜日

POINT
WORDS

第3課

1 発音された語句の番号を下線に書きなさい。 🔊 046

① 　② 　③ 　④

(1) ....　(2) ....　(3) ....

2 発音を聞いて、ピンインで書きなさい。 🔊 047

(1) ....　(2) ....

(3) ....　(4) ....

3 与えられた語句を使って、練習してみよう。

你 .... 过 .... 吗？

> 去中国　　吃水饺儿　　坐飞机

4 適切な語句を（　）内に入れ、日本語に訳しなさい。

(1) 明天不（　　　）星期天。

訳 ....

(2) 你爸爸今年多大（　　　）？

訳 ....

5 正しい語順に並べ替え、漢字に直しなさい。

(1) wǒ / èrshiliù / jiějie / suì / jīnnián

....

(2) chī / tā / shēngyúpiàn / méi / guo

....

(3) shì / yuè / wǔ / jīntiān / bù / hào / shísān

....

您 有 几 个 孩子?
Nín yǒu jǐ ge háizi?

お子さんは何人いらっしゃいますか

🔊 048

本文 車の中にて

李梅: 您 有 几 个 孩子?
Nín yǒu jǐ ge háizi?

田原亮: 我 有 两 个 孩子。
Wǒ yǒu liǎng ge háizi.

李梅: 都 是 女孩儿 吗?
Dōu shì nǚháir ma?

田原亮: 不, 一 个 男孩儿, 一 个 女孩儿。
Bù, yí ge nánháir, yí ge nǚháir.

李梅: 您 儿子 今年 多 大?
Nín érzi jīnnián duō dà?

田原亮: 他 今年 十四 岁。
Tā jīnnián shísì suì.

李梅: 比 姐姐 小 六 岁。
Bǐ jiějie xiǎo liù suì.

田原亮: 是 啊。
Shì a.

🔊 049

本文の語句

☆ 有 yǒu 〔動〕ある、いる
☆ 个 ge 〔量〕個
☆ 孩子 háizi 〔名〕こども
☆ 两 liǎng 〔数〕二
☆ 都 dōu 〔副〕みんな、全部
☆ 女孩儿 nǚháir 〔名〕女の子

☆ 男孩儿 nánháir 〔名〕男の子
☆ 儿子 érzi 〔名〕息子
☆ 比 bǐ 〔前置〕~より
☆ 小 xiǎo 〔形〕小さい
☆ 啊 a 〔助〕話し手のいろいろな気持ちを表す語気助詞

HONBUN
WORDS

050

POINT 1 所有・存在を表す動詞 "有"

「X +"有"+ Y」の形で用いられ、Xが所有者（人間など）の場合は所有を表し、Xが場所などの場合は存在を表します。否定には"没有"を用います。

你有姐姐吗？　　　　Nǐ yǒu jiějie ma?

我没有自行车。　　　Wǒ méiyǒu zìxíngchē.

学校附近有超市吗？　Xuéxiào fùjìn yǒu chāoshì ma?

 訳してみよう

(1) あなたはパソコンを持っていますか。 　　　　　　　　　　　

(2) あなたの家の近くには銀行がありますか。 　　　　　　　　　

(3) 私には弟がいない。 　　　　　　　　　　　　　　　　　　

POINT 2 量詞（助数詞）

名詞を数えるときは数詞だけでなく、数詞と名詞の間に通常量詞を加える必要があります。前に指示詞"这、那、哪"を加えると、日本語の「この〜」、「その〜」、「あの〜」、「どの〜」の意味に相当します。数詞が"一"の場合はしばしば省略されます。

一辆自行车　　　　两件衣服　　　　三张纸
yí liàng zìxíngchē　liǎng jiàn yīfu　sān zhāng zhǐ

这枝圆珠笔　　　　那条裤子　　　　几本书
zhèi zhī yuánzhūbǐ　nèi tiáo kùzi　jǐ běn shū

 訳してみよう

(1) 李先生には子供が２人いる。

　　　　　　　　　　　　　　　　　　　　　　　　　　　　　

(2) 私は自転車を１台持っている。

　　　　　　　　　　　　　　　　　　　　　　　　　　　　　

(3) このズボンは私のです。

34

POINT 3 疑問詞疑問文

疑問詞を用いるタイプの疑問文です。疑問詞を用いて疑問文を作るときは"吗"は使いません。

她是谁?	你吃什么?	你买几本书?	你去哪儿?	你看哪本书?
Tā shì shéi?	Nǐ chī shénme?	Nǐ mǎi jǐ běn shū?	Nǐ qù nǎr?	Nǐ kàn něi běn shū?

訳してみよう

(1) 彼女は洋服を何枚買いますか。 ....

(2) あなたは何を飲みますか。 ....

(3) これは誰の携帯電話ですか。 ....

POINT 4 比較を表す前置詞"比"

"比"を使って人物あるいは事物を比較し、「A は B より〜」という意味を表します。否定には"没有"を用います。「A は B ほど〜でない」。

今天比昨天热。	Jīntiān bǐ zuótiān rè.
哥哥比弟弟大三岁。	Gēge bǐ dìdi dà sān suì.
这本书没有那本书有意思。	Zhèi běn shū méiyǒu nèi běn shū yǒu yìsi.

訳してみよう

(1) 中国の果物は日本の果物より安い。 ....

(2) 彼の家は私の家より遠い。 ....

(3) 私の発音は彼女(の発音)ほどうまくない。 ....

◀》052

ポイント&ドリル語句

☆没有 méiyǒu 動 持っていない、ない ☆自行车 zìxíngchē 名 自転車 ☆学校 xuéxiào 名 学校 ☆附近 fùjìn 名 付近 ☆超市 chāoshì 名 スーパーマーケット ☆电脑 diànnǎo 名 パソコン ☆银行 yínháng 名 銀行 ☆辆 liàng 量 〜台 ☆件 jiàn 量 衣類や事柄などを数える、〜枚、〜件 ☆衣服 yīfu 名 洋服 ☆张 zhāng 量 〜枚 ☆纸 zhǐ 名 紙 ☆枝 zhī 量 〜本 ☆圆珠笔 yuánzhūbǐ 名 ボールペン ☆条 tiáo 量 細長いものをかぞえる、〜本 ☆裤子 kùzi 名 ズボン ☆本 běn 量 本などを数える、〜冊 ☆书 shū 名 本 ☆谁 shéi 代 誰 ☆什么 shénme 代 何 ☆哪儿 nǎr 代 どこ ☆手机 shǒujī 名 携帯電話 ☆热 rè 形 暑い ☆有意思 yǒu yìsi 形 おもしろい ☆水果 shuǐguǒ 名 果物 ☆日本 Rìběn 名 日本 ☆便宜 piányi 形 安い ☆发音 fāyīn 名 発音 ☆公交车 gōngjiāochē 名 バス ☆地铁 dìtiě 名 地下鉄 ☆方便 fāngbiàn 形 便利だ

POINT WORDS

1 発音された語句の番号を下線に書きなさい。 🔊 053

(1) .... (2) .... (3) ....

2 発音を聞いて、ピンインで書きなさい。 🔊 054

(1) .... (2) ....

(3) .... (4) ....

3 適切な疑問詞を（　　）内に入れ、日本語に訳しなさい。

(1) （　　　　）有自行车？

訳 ....

(2) 你吃（　　　　）个饺子？

訳 ....

4 以下の質問に答えてみよう。

(1) 日本菜比中国菜便宜吗？ ➡ ....

(2) 汉语比英语难吗？ ➡ ....

(3) 公交车比地铁方便吗？ ➡ ....

5 正しい語順に並べ替え、漢字に直しなさい。

(1) yǒu / xuéxiào / ma / chāoshì / fùjìn

....

(2) yī / mǎi / wǒ / yuánzhūbǐ / zhī

....

(3) shǒujī / méiyǒu / wǒ / bàba

....

第5课 您家离车站远不远?

Nín jiā lí chēzhàn yuǎn bu yuǎn?

おうちは駅から遠いですか

🔊 055

本文 車のなかにて

李梅: 您 家 在 哪儿?
Nín jiā zài nǎr?

田原亮: 我 家 在 埼玉县 川口市。
Wǒ jiā zài Qíyù xiàn Chuānkǒu shì.

李梅: 川口市 离 东京 近 吗?
Chuānkǒu shì lí Dōngjīng jìn ma?

田原亮: 很 近。 交通 也 很 方便。
Hěn jìn. Jiāotōng yě hěn fāngbiàn.

李梅: 您 家 离 车站 远 不 远?
Nín jiā lí chēzhàn yuǎn bu yuǎn?

田原亮: 不 远, 我 家 在 车站 附近。
Bù yuǎn, wǒ jiā zài chēzhàn fùjìn.

李梅: 车站 附近 很 热闹 吧。
Chēzhàn fùjìn hěn rènao ba.

田原亮: 是 啊。 有 很 多 商店。
Shì a. Yǒu hěn duō shāngdiàn.

🔊 056

本文の語句

- 在 zài 〔動〕ある、いる
- 埼玉县 Qíyù xiàn 埼玉県
- 川口市 Chuānkǒu shì 川口市
- 离 lí 〔前置〕隔たりを表す。～から
- 东京 Dōngjīng 〔名〕(地名)東京
- 近 jìn 〔形〕近い
- 交通 jiāotōng 〔名〕交通
- 热闹 rènao 〔形〕にぎやかだ
- 吧 ba 〔助〕推量を表す、～だろう
- 多 duō 〔形〕多い
- 商店 shāngdiàn 〔名〕店、商店

POINT 1 　隔たりを表す前置詞 "离"

ある地点(時点)から別の地点(時点)までの距離的(時間的)隔たりを表すときに用います。

日本离中国很近。　　Rìběn lí Zhōngguó hěn jìn.

车站离学校不远。　　Chēzhàn lí xuéxiào bù yuǎn.

訳してみよう

(1) アメリカは日本から遠いですか。

....

(2) ここは駅からとても近い。

....

(3) 郵便局は銀行から遠くない。

....

POINT 2 　所在を表す動詞 "在"

「X + "在" + 場所」の形で話題となっている人や事物などの所在を表します。

(☞第7課 前置詞 "在", 第12課 副詞 "在")

停车场在那儿。　　Tíngchēchǎng zài nàr.

王老师不在教室。　　Wáng lǎoshī bú zài jiàoshì.

訳してみよう

(1) 彼は家にいる。

....

(2) カバンはあそこにある。

....

(3) 山本さんは中国にいない。

....

058

POINT 3 推量を表す助詞 "吧"

文末に置き、話し手の推量の気持ちを表します。(☞第 8 課 意志・勧誘を表す助詞 "吧")

日本的夏天很闷热吧。　　Rìběn de xiàtiān hěn mēnrè ba.

水饺儿很好吃吧。　　　Shuǐjiǎor hěn hǎochī ba.

这件衣服很贵吧。　　　Zhèi jiàn yīfu hěn guì ba.

訳してみよう

⑴　日本料理はとてもおいしいでしょう。　　..

⑵　あなたも大学生でしょう。　　　　　　..

⑶　中国語は難しくないでしょう。　　　　..

POINT 4 反復疑問文

動詞または形容詞の肯定形の後ろに否定形を続け、疑問を表します。

你是不是日本人？　　Nǐ shì bu shì Rìběnrén?

你买不买电脑？　　　Nǐ mǎi bu mǎi diànnǎo?

你家离车站远不远？　Nǐ jiā lí chēzhàn yuǎn bu yuǎn?

訳してみよう

⑴　彼は家にいますか。　　　　　　..

⑵　あなたはテレビを見ますか。　　..

⑶　あなたは音楽を聴くのが好きですか。

....

059

ポイント＆ドリル語句

☆美国 Měiguó 名アメリカ　☆这儿 zhèr 代ここ　☆邮局 yóujú 名郵便局　☆停车场 tíngchēchǎng 名駐車場　☆那儿 nàr 代そこ、あそこ　☆教室 jiàoshì 名教室　☆书包 shūbāo 名カバン　☆夏天 xiàtiān 名夏　☆闷热 mēnrè 形蒸し暑い　☆贵 guì 形（値段が）高い　☆容易 róngyì 形易しい　☆法语 Fǎyǔ 名フランス語

1 発音された語句の番号を下線に書きなさい。 🔊 060

① ② ③ ④

(1) .... (2) .... (3) ....

2 発音を聞いて、ピンインで書きなさい。 🔊 061

(1) .... (2) ....

(3) .... (4) ....

3 適切な語句を（　）内に入れ、日本語に訳しなさい。

(1) 这是你的手机（　　　　）。 訳 ....

(2) 王老师不（　　　　）学校。 訳 ....

(3) 她家（　　　　）车站很远。 訳 ....

4 以下の"吗"疑問文を反復疑問文に直してみよう。

(1) 汉语难吗？　　➡ ....

(2) 你有自行车吗？　➡ ....

(3) 你家在东京吗？　➡ ....

5 正しい語順に並べ替え、漢字に直しなさい。

(1) nǚ'ér / lǎoshī / de / Shānběn / Zhōngguó / zài

....

(2) chēzhàn / yuǎn / xuéxiào / yuǎn / lí / bù

....

(3) róngyì / Fǎyǔ / ba / hěn

....

请 喝 茶。
Qǐng hē chá.

お茶をどうぞ

🔊 062

本文 田原亮の家のリビングにて

田原亮:
介绍 一下， 这 是 我 夫人、女儿 和 儿子。
Jièshào yíxià, zhè shì wǒ fūren、 nǚ'ér hé érzi.

李梅:
你们 好。 初次 见面， 请 多 关照。
Nǐmen hǎo. Chūcì jiàn miàn, qǐng duō guānzhào.

田原亮:
累 了 吧?
Lèi le ba?

李梅:
不 累。
Bú lèi.

田原樱子:
请 坐。 请 喝 茶。
Tiányuán Yīngzǐ: Qǐng zuò. Qǐng hē chá.

李梅:
谢谢。 这 是 日本 的 绿茶 吧。
Xièxie. Zhè shì Rìběn de lùchá ba.

田原樱子:
对。 来， 尝尝 我 做 的 点心。
Duì. Lái, chángchang wǒ zuò de diǎnxin.

李梅:
谢谢。 (一口食べて) 真 好吃。
Xièxie. Zhēn hǎochī.

🔊 063

本文の語句

- ☆ 请 qǐng 動 どうぞ、～てください
- ☆ 茶 chá 名 お茶
- ☆ 介绍 jièshào 動 紹介する
- ☆ 一下 yíxià 数量 ちょっと～する
- ☆ 夫人 fūren 名 妻、奥さん
- ☆ 和 hé 接続 と
- ☆ 累 lèi 形 疲れる
- ☆ 了 le 助 変化や新しい事態の発生を表す

- 绿茶 lùchá 名 緑茶
- ☆ 对 duì 形 正しい、そのとおりだ
- ☆ 来 lái 動 さあ(相手に何かするように声をかける時に用いる)
- ☆ 尝 cháng 動 味わう
- ☆ 做 zuò 動 作る、する
- ☆ 点心 diǎnxin 名 お菓子、おやつ、軽食
- ☆ 真 zhēn 副 本当に

POINT 1 　動詞＋"一下"

「動詞＋"一下"」の形で、「ちょっと〜する」、「〜してみる」という意味を表します。

咱们一起练习一下。　　Zánmen yìqǐ liànxí yíxià.

你们商量一下。　　　　Nǐmen shāngliang yíxià.

 訳してみよう

(1) あなたもちょっと見てください。　　..

(2) （私たちは）ちょっと相談してみる。　　..

(3) （私は）ちょっと聴いてみる。　　..

POINT 2 　文末助詞"了"

文末に置き、新しいできごとの発生、実現または事態の変化を表します。

(☞ 第9課 完了を表す助詞"了")

我爷爷今年八十岁了。　　Wǒ yéye jīnnián bāshí suì le.

爸爸去越南出差了。　　　Bàba qù Yuènán chū chāi le.

 訳してみよう

(1) 彼女は食堂へご飯を食べに行った。　　..

(2) 父は今年60歳になった。　　..

(3) この服は小さくなった。　　..

POINT 3 　動詞の重ね型

動詞を重ねて用い、「ためしに」、「試みに」、「ちょっと」といった意味を表します。

咱们一起去公园散散步，好不好？
Zánmen yìqǐ qù gōngyuán sànsan bù, hǎo bu hǎo?

你在这儿等一下，我去看看。
Nǐ zài zhèr děng yíxià, wǒ qù kànkan.

訳してみよう

(1) 私たちはちょっとここで休憩する。

　　...

(2) 私も勉強してみる。

　　...

(3) 少し待ってください。(私たちは)ちょっと相談してみます。

　　...

POINT 4 　動詞の連体修飾

　動詞が名詞を修飾するときに「動詞＋"的"＋名詞」のように、動詞の後ろに"的"を加えます。この場合、通常已然の動作を表しますが、文脈があれば未然の動作でも構いません。

今天买的苹果非常甜。　　　Jīntiān mǎi de píngguǒ fēicháng tián.

夏目漱石写的小说很有意思。　Xiàmù Shùshí xiě de xiǎoshuō hěn yǒu yìsi.

訳してみよう

(1) 日曜日に買った本はどこにありますか。

　　...

(2) 先生が話す中国語はとても難しい。

　　...

(3) 昨日洗った服はここにある。

　　...

066

ポイント＆ドリル語句

☆咱们 zánmen ［代］(聞き手を含めて) 私たち　　☆一起 yìqǐ ［副］一緒に　　☆練習 liànxí ［動］練習する
☆商量 shāngliang ［動］相談する　　☆越南 Yuènán ［名］ベトナム　　☆出差 chū chāi ［動］出張する
☆食堂 shítáng ［名］食堂　　☆饭 fàn ［名］ご飯　　☆公園 gōngyuán ［名］公園　　☆散步 sàn bù ［動］散
步する　　☆等 děng ［動］待つ　　☆休息 xiūxi ［動］休む、休憩する　　☆买 mǎi ［動］買う　　☆苹果
píngguǒ ［名］りんご　　☆非常 fēicháng ［副］非常に　　☆甜 tián ［形］甘い　　☆夏目漱石 Xiàmù Shùshí
［名］夏目漱石　　☆写 xiě ［動］書く　　☆小说 xiǎoshuō ［名］小说　　☆说 shuō ［動］話す　　☆洗 xǐ ［動］洗う
☆漂亮 piàoliang ［形］綺麗だ　　☆确认 quèrèn ［動］確認する

POINT
WORDS

1 発音された語句の番号を下線に書きなさい。 🔊 067

①	②	③	④

(1) ....   (2) ....   (3) ....

2 発音を聞いて、ピンインで書きなさい。 🔊 068

(1) ....   (2) ....

(3) ....   (4) ....

3 与えられた語句を使って、練習してみよう。

.... 的 .... 很 .... 。

妈妈做 她买	面包 衣服	好吃 漂亮

4 適切な語句を（　）内に入れ、日本語に訳しなさい。

(1) 咱们一起商量（　　　　），好吗？　訳 ....

(2) 昨天看（　　　）电影很有意思。　訳 ....

(3) 田原去中国留学（　　　　　）。　訳 ....

5 正しい語順に並べ替え、漢字に直しなさい。

(1) yìqǐ / nǐ / yíxià / yě / quèrèn

....

(2) suì / wǒ / liùshiyī / bàba / le / jīnnián

....

(3) yīfu / Xiǎo / Lǐ / hěn / mǎi / de / piàoliang

....

改天 咱们 一起 去 吃。
Gǎitiān zánmen yìqǐ qù chī.

そのうち一緒に食べに行きましょう

069

本文 夕食後

田原雪：　我　妈妈　做　的　菜　怎么样？
Tiányuán Xuě:　Wǒ　māma　zuò　de　cài　zěnmeyàng?

李梅：　太　好吃　了。
Tài　hǎochī　le.

田原雪：　日本菜　味道　比较　清淡，习惯　吗？
Rìběncài　wèidào　bǐjiào　qīngdàn,　xíguàn　ma?

李梅：　习惯。
Xíguàn.

田原雪：　你　在　中国　吃　日本　料理　吗？
Nǐ　zài　Zhōngguó　chī　Rìběn　liàolǐ　ma?

李梅：　吃。　我　经常　吃　寿司。
Chī.　Wǒ　jīngcháng　chī　shòusī.

田原雪：　这儿　附近　有　一　家　寿司店，很　有名。
Zhèr　fùjìn　yǒu　yì　jiā　shòusī diàn,　hěn　yǒumíng.

李梅：　真　的？那　改天　咱们　一起　去　吃。
Zhēn　de?　Nà　gǎitiān　zánmen　yìqǐ　qù　chī.

070

本文の語句

改天 gǎitiān 副 日を改めて
怎么样 zěnmeyàng 代 どうですか、いかがですか
太〜了 tài〜le　あまりに、実に〜
味道 wèidào 名 味
比较 bǐjiào 副 比較的に、わりに
清淡 qīngdàn 形 あっさりしている、脂っこくない
习惯 xíguàn 動・名 〜に慣れる、習慣

在 zài 前置 場所を表す、〜で
料理 liàolǐ 名 料理、おかず
经常 jīngcháng 副 いつも
家 jiā 量 軒（家、店などを数える）
店 diàn 名 店
有名 yǒumíng 形 有名だ
真的 zhēn de　本当だ

POINT

🔊 071

POINT 1 "太～了"

形容詞と一緒に用い、「～すぎる」という意味のほかに、話し手の「実に～だ」のような
感動する気持ちを表すこともできます。

这本小说太有意思了。　　Zhèi běn xiǎoshuō tài yǒu yìsi le.

这件衣服太贵了。　　Zhèi jiàn yīfu tài guì le.

訳してみよう

(1) 日本のラーメンは実においしい。

....

(2) 彼の家は学校からあまりにも遠い。

....

(3) 北海道の冬はあまりにも寒い。

....

POINT 2 主述述語文

文の述語の部分が主語と述語から構成される構文を指します。日本語の「～は～が～」と
いう構文に相当します。

妹妹肚子不舒服。　　Mèimei dùzi bù shūfu.

他父亲工作非常辛苦。　　Tā fùqin gōngzuò fēicháng xīnkǔ.

訳してみよう

(1) 北海道は夏がとても涼しい。

....

(2) 母は体がとても弱い。

....

(3) この料理は味がとてもよい。

....

POINT 3　場所を表す前置詞 "在"

"在" を場所を表す語句の前に置き、動作が行われる場所を表します。

(☞ 第5課 動詞 "在"，第12課 副詞 "在")

请在这儿等一下。　Qǐng zài zhèr děng yíxià.

她在面包店打工。　Tā zài miànbāo diàn dǎ gōng.

訳してみよう

⑴　あなたはどこで昼ご飯を食べますか。

⑵　私の妹は銀行に勤めている。

⑶　私は図書館で勉強するのが好きだ。

POINT 4　連動文

　二つ以上の動詞が続けて用いられる構文を連動文と言います。連動文には様々なタイプがありますが、ここでは前の動詞が "去 / 来" を用い、「〜しに行く / 来る」という意味を表す連動文を取り上げます。

她去中国留学。　Tā qù Zhōngguó liú xué.

妈妈去超市买东西。　Māma qù chāoshì mǎi dōngxi.

訳してみよう

⑴　彼は図書館へ本を借りに行く。

⑵　母はアメリカへ旅行しに行く。

⑶　李さんは私の家へ遊びに来る。

073

ポイント&ドリル語句

北海道 Běihǎidào 名 (地名)北海道　冬天 dōngtiān 名 冬　冷 lěng 形 寒い　肚子 dùzi 名 おなか　舒服 shūfu 形 心地よい　父亲 fùqin 名 父親　工作 gōngzuò 動・名 仕事、仕事する　辛苦 xīnkǔ 形 大変だ、苦労する　凉快 liángkuai 形 涼しい　身体 shēntǐ 名 からだ　弱 ruò 形 弱い　打工 dǎ gōng 動 アルバイトする　午饭 wǔfàn 名 昼ごはん、昼食　图书馆 túshūguǎn 名 図書館　留学 liú xué 動 留学する　借 jiè 動 借りる　旅行 lǚxíng 動 旅行する　玩儿 wánr 動 遊ぶ

1 発音された語句の番号を下線に書きなさい。 🔊 074

① ② ③ ④

(1) .... (2) .... (3) ....

2 発音を聞いて、ピンインで書きなさい。 🔊 075

(1) .... (2) ....

(3) .... (4) ....

3 "太～了" を使って、以下の質問に答えてみよう。

(1) 今天热不热？ ➡ ....

(2) 汉语的发音难不难？ ➡ ....

4 適切な語句を（　）内に入れ、日本語に訳しなさい。

(1) 明天咱们一起（　　　）玩儿，怎么样？

訳 ....

(2) 日本的交通（　　　）方便（　　　）。

訳 ....

(3) 妈妈（　　　）图书馆工作。

訳 ....

5 正しい語順に並べ替え、漢字に直しなさい。

(1) mēnrè / Shànghǎi / hěn / xiàtiān

....

(2) mǎi / míngtiān / qù / dōngxi / nǎr / nǐ

....

(3) zài / tā / gōngzuò / shòusī diàn

....

坐 电车 去 吧。
Zuò diànchē qù ba.

電車で行きましょう

🔊 076

本文 食後

田原雪：你 明天 有 安排 吗？
Nǐ míngtiān yǒu ānpái ma?

李梅：没有。 我 想 在 附近 转转。
Méiyǒu. Wǒ xiǎng zài fùjìn zhuànzhuan.

田原雪：明天 咱们 一起 去 上野，怎么样？
Míngtiān zánmen yìqǐ qù Shàngyě, zěnmeyàng?

李梅：好 啊。 怎么 去？
Hǎo a. Zěnme qù?

田原雪：坐 电车 去 吧。
Zuò diànchē qù ba.

李梅：太 好 了。 可以 去 上野 公园 看看 吗？
Tài hǎo le. Kěyǐ qù Shàngyě gōngyuán kànkan ma?

田原雪：当然 可以。 然后 咱们 去 浅草寺，好 不 好？
Dāngrán kěyǐ. Ránhòu zánmen qù Qiǎncǎosì, hǎo bu hǎo?

李梅：好 啊。 听 你 的。
Hǎo a. Tīng nǐ de.

🔊 077

本文の語句

- 电车 diànchē 〔名〕電車
- 吧 ba 〔助〕意思・勧誘を表す。～しよう
- 安排 ānpái 〔名〕予定、スケジュール
- 想 xiǎng 〔助動〕～したい
- 转 zhuàn 〔動〕見て回る
- 上野 Shàngyě 〔名〕（地名）上野
- 怎么 zěnme 〔代〕手段を尋ねる、どのように
- 可以 kěyǐ 〔助動〕許可を表す。～してよろしい
- 当然 dāngrán 〔副〕もちろん、当然
- 然后 ránhòu 〔接続〕その後、それから
- 浅草寺 Qiǎncǎosì 〔名〕（地名）浅草寺
- 好 hǎo 〔形〕よい
- 听你的 tīng nǐ de あなたの言うとおりにする

🔊 078

POINT 1 助動詞 "想"

述語の前に用い、「～したい」という意味を表します。否定には "不想" を用います。

我想去书店买一本中日词典。　　Wǒ xiǎng qù shūdiàn mǎi yì běn Zhōng-Rì cídiǎn.

你想不想去美国旅游？　　　　　Nǐ xiǎng bu xiǎng qù Měiguó lǚyóu?

訳してみよう

(1) 私は紅茶を飲みたくない。私はコーヒーを飲みたい。

....

(2) 私は洋服を 1 着買いたい。

....

(3) 彼は富士山を登り（に行き）たい。（行きたがっている）

....

POINT 2 意志・勧誘を表す助詞 "吧"

文末に置き、話し手の意志または相手への勧誘を表します。日本語では「～しよう」という意味に相当します。(☞第5課 推量を表す助詞 "吧")

星期天咱们一起去看电影吧。　　Xīngqītiān zánmen yìqǐ qù kàn diànyǐng ba.

你也休息一下吧。　　　　　　　Nǐ yě xiūxi yíxià ba.

訳してみよう

(1) 今日私たちは日本料理を食べに行こう。

....

(2) 八時になった。（家に）帰ろう。

....

(3) あなたが先に食べてください。

....

POINT **3**　手段を表す "怎么"

"怎么" を述語の前に置き、動作の方法、手段を尋ねる時に用います。日本語では「どのように、どうやって」の意味に相当します。

怎么通知她？　　　Zěnme tōngzhī tā?

你想怎么说明？　　Nǐ xiǎng zěnme shuōmíng?

你怎么来学校？　　Nǐ zěnme lái xuéxiào?

訳してみよう

(1) この字はどう読みますか。　　　　　　　　　………………………………………………

(2) あなたはどうやって家に帰りますか。　　………………………………………………

(3) 明日あなたはどうやって行きたいですか。　………………………………………………

POINT **4**　許可を表す助動詞 "可以"

述語の前に用い、動作を行うことができるという許可の意味を表します。日本語では「〜してよい」という意味に相当します。

可以用一下你的词典吗？　Kěyǐ yòng yíxià nǐ de cídiǎn ma?

这儿可以照相。　　　　　Zhèr kěyǐ zhào xiàng.

訳してみよう

(1) 二つ買ってもいいですか。　　　　　　　　………………………………………………

(2) 明日バスで行ってもかまいません。　　　　………………………………………………

(3) 私はこの雑誌をちょっと見てもいいですか。………………………………………………

ポイント＆ドリル語句

☆ 书店 shūdiàn 名書店　　中日词典 Zhōng-Rì cídiǎn 名中日辞典　　旅游 lǚyóu 動旅行する　☆ 爬 pá 動登る　☆ 富士山 Fùshìshān 名富士山　　回家 huí jiā 家に帰る　　先 xiān 動先に　☆ 通知 tōngzhī 動通知する、知らせる　☆ 说明 shuōmíng 動説明する　☆ 字 zì 名文字　　读 dú 動読む　　用 yòng 動使う、用いる　☆ 照相 zhào xiàng 動写真を撮る　☆ 杂志 zázhì 名雑誌　　机场 jīchǎng 名空港

1 発音された語句の番号を下線に書きなさい。 🔊081

① ② ③ ④

(1) .... (2) .... (3) ....

2 発音を聞いて、ピンインで書きなさい。 🔊082

(1) .... (2) ....

(3) .... (4) ....

3 適切な語句を（　　）内に入れ、日本語に訳しなさい。

(1) 我（　　　　）看看这本小说吗？

訳 ....

(2) 明天你们（　　　　）去机场？

訳 ....

(3) 下午咱们一起商量一下（　　　　）。

訳 ....

4 以下の質問に答えてみよう。

(1) 你想吃什么？　　➡ ....

(2) 你想去哪儿玩儿？➡ ....

(3) 你想喝什么？　　➡ ....

5 正しい語順に並べ替え、漢字に直しなさい。

(1) mǎi / wǒ / liǎng / qù / ge / ba / ròubāozi

....

(2) zuò / wǒ / qù / xiǎng / dìtiě / bù

....

(3) shuōmíng / nǐ / xiǎng / zěnme

....

您是在哪儿买的?
Nín shì zài nǎr mǎi de?

どこで買ったのですか

🔊 083

本文 田原家のリビングにて

田原 桜子：
昨天 玩儿得 开心 吗?
Zuótiān wánrde kāixīn ma?

李梅：
很 开心。 浅草 真 热闹。
Hěn kāixīn. Qiǎncǎo zhēn rènao.

田原 桜子：
人 一定 很 多 吧。
Rén yídìng hěn duō ba.

李梅：
是 啊。 多 极了。
Shì a. Duō jíle.

您 看， 我 在 浅草寺 买了 两 个 小 礼物。
Nín kàn, wǒ zài Qiǎncǎosì mǎile liǎng ge xiǎo lǐwù.

田原 桜子：
这 是 护身符， 我 也 有 一 个。
Zhè shì hùshēnfú, Wǒ yě yǒu yí ge.

李梅：
您 是 在 哪儿 买 的?
Nín shì zài nǎr mǎi de?

田原 桜子：
我 是 在 伊势 神宫 买 的。
Wǒ shì zài Yīshì shéngōng mǎi de.

李梅：
您 的 这 个 护身符 比 我 的 可爱。
Nín de zhèi ge hùshēnfú bǐ wǒ de kě'ài.

🔊 084

本文の語句

☆ 得 de 助 様態補語を作る
☆ 开心 kāixīn 形 楽しい、愉快だ
☆ 浅草 Qiǎncǎo 名 (地名)浅草
☆ 人 rén 名 人
☆ 一定 yídìng 副 きっと、必ず
☆ 极了 jíle とても、実に

☆ 了 le 助 動詞の直後に置き、完了を表す
☆ 礼物 lǐwù 名 おみやげ
☆ 护身符 hùshēnfú 名 お守り
☆ 伊势神宫 Yīshì shéngōng 名 伊势神宫
☆ 可爱 kě'ài 形 かわいい

085

POINT 1 様態補語

「動詞＋“得”＋形容詞」の形で、動作の様子や状態の描写や説明に用います。否定は「動詞＋“得”＋“不”＋形容詞」の形となります。形容詞の前には通常副詞を必要とします。否定はその必要がありません。

他跑得特別快。　　　　　　　Tā pǎode tèbié kuài.

她（说）汉语说得不太流利。　Tā (shuō) Hànyǔ shuōde bú tài liúlì.

訳してみよう

(1) 王さんは卓球（をするの）がとてもうまい。
_____

(2) 彼女はピアノ（をひくの）が上手だ。
_____

(3) あなたはテニス（をするの）がうまいですか。
_____

POINT 2 “～极了”

形容詞の後ろに用い、程度が極端であることを表します。日本語では「とっても～」、「すごく～」という意味になります。

奶奶包的水饺儿好吃极了。　　Nǎinai bāo de shuǐjiǎor hǎochī jíle.

他们两个人的关系好极了。　　Tāmen liǎng ge rén de guānxi hǎo jíle.

訳してみよう

(1) 彼女の家は私の家からすごく近い。
_____

(2) 北海道の夏はすごく涼しい。
_____

(3) このボールペンはすごく使いやすい。
_____

POINT 3 完了を表す助詞 "了"

動詞の直後に置き、動作の完了を表します。目的語の名詞を伴う場合、通常名詞の前に数量詞を付け加えます。数量詞のない場合は文を終止せずに、後ろにほかの述語などを加えます。

昨天我喝了三杯咖啡。　　　Zuótiān wǒ hēle sān bēi kāfēi.

他们吃了饭，去看电影。　　Tāmen chīle fàn, qù kàn diànyǐng.

訳してみよう

(1) 私は新宿で洋服を1着買った。　　..

(2) 彼は肉まんを2個食べた。　　　　..

(3) 私は雑誌を1冊買った。　　　　　..

POINT 4 "是～的"

動作がすでに実現したことを前提に、動作を行った人、場所、時間、手段を強調して説明するときに用います。"是" が省略されることがあります。日本語の「～のだ」に相当します。

她（是）星期天来的。　　　　　　　Tā (shì) xīngqītiān lái de.

昨天王老师（是）骑自行车去的。　　Zuótiān Wáng lǎoshī (shì) qí zìxíngchē qù de.

他们（是）在中国认识的。　　　　　Tāmen (shì) zài Zhōngguó rènshi de.

訳してみよう

(1) 彼女は飛行機で行ったのだ。　　　..

(2) あなたは新宿で買ったのですか。　..

(3) 昨日私は李さんと一緒に行ったのだ。　..

◀)) 087

ポイント＆ドリル語句

☆跑 pǎo 動走る　☆特別 tèbié 副特別に　☆快 kuài 形速い　☆流利 liúlì 形流暢だ　☆打 dǎ 動（ある種のスポーツを）する、打つ　☆乒乓球 pīngpāngqiú 名卓球　☆弹钢琴 tán gāngqín ピアノを弾く　☆网球 wǎngqiú 名テニス　☆包 bāo 動包む　☆关系 guānxi 名関係　☆好用 hǎoyòng 使いやすい　☆肉包子 ròubāozi 名肉まん　☆骑 qí 動（またがって）乗る　☆认识 rènshi 動見知る、知っている　☆打扮 dǎban 動着飾る、おしゃれする　☆唱 chàng 動歌う　☆歌儿 gēr 名歌　☆新宿 Xīnsù 名（地名）新宿

1 発音された語句の番号を下線に書きなさい。🔊 088

① ② ③ ④

(1) .... (2) .... (3) ....

2 発音を聞いて、ピンインで書きなさい。🔊 089

(1) .... (2) ....

(3) .... (4) ....

3 以下の質問に答えてみよう。

(1) 今天你(是)怎么来的？ ➡ ....

(2) 你的手机(是)在哪儿买的？ ➡ ....

(3) 今天你(是)和谁一起来的？ ➡ ....

4 適切な語句を( )内に入れ、日本語に訳しなさい。

(1) 她（　　　）骑自行车来（　　　）。 訳 ....

(2) 昨天我买（　　　）一条裤子。 訳 ....

(3) 小李今天打扮（　　　）很漂亮。 訳 ....

5 正しい語順に並べ替え、漢字に直しなさい。

(1) yìqǐ / tā / qù / hé / mèimei / de / shì

....

(2) chàng / fēicháng / tā / hǎo / chàng / de / gēr

....

(3) liǎng / le / mǎi / wǒ / zhī / Xīnsù / yuánzhūbǐ / zài

....

会说一点儿。
Huì shuō yìdiǎnr.

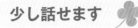
少し話せます

◀)) 090

本 文 田原家のリビングにて

李梅：
下午　我　要　去　池袋　见　一　个　朋友。
Xiàwǔ　wǒ　yào　qù　Chídài　jiàn　yí　ge　péngyou.

田原雪：
你　知道　怎么　去　吗？
Nǐ　zhīdao　zěnme　qù　ma?

李梅：
知道。　坐　电车　要　三十　几　分钟　吧。
Zhīdao.　Zuò　diànchē　yào　sānshí　jǐ　fēnzhōng　ba.

田原雪：
对。　池袋　有　很　多　中国　料理店，　很　热闹。
Duì.　Chídài　yǒu　hěn　duō　Zhōngguó　liàolǐ diàn,　hěn　rènao.

（池袋駅で友達の王紅さんとその同級生に会う。）

李梅：
你　和　王　红　是　同班　同学　吗？
Nǐ　hé　Wáng Hóng　shì　tóngbān　tóngxué　ma?

张凡：
是　啊。　我　是　从　福建　来　的。　你　呢？
Zhāng Fán:　Shì　a.　Wǒ　shì　cóng　Fújiàn　lái　de.　Nǐ　ne?

李梅：
我　是　北京人。　你　会　说　日语　吗？
Wǒ　shì　Běijīngrén.　Nǐ　huì　shuō　Rìyǔ　ma?

张凡：
会　说　一点儿。
Huì　shuō　yìdiǎnr.

◀)) 091

本文の語句

☆ 会 huì 助動 できる

☆ 一点儿 yìdiǎnr 数量 少し

☆ 下午 xiàwǔ 名 午後

☆ 要 yào 助動 ～しなければならない、～する必要がある

☆ 池袋 Chídài 名 池袋

☆ 见 jiàn 動 会う、見える

☆ 朋友 péngyou 名 友だち

☆ 知道 zhīdao 動 知る

☆ 分钟 fēnzhōng 量 ～分間

☆ 同班 tóngbān 名 クラスメート

☆ 从 cóng 前置 起点を表す。～から

☆ 福建 Fújiàn 名 （地名）福建

☆ 呢 ne 助 ～は？

☆ 日语 Rìyǔ 名 日本語

POINT 1　時刻、時点と時間の幅

　中国語では動作の行われる時刻や時点は述語の前に置き、時間の幅（動作にかかる時間）は動詞の後ろに置きます。なお後ろに目的語を伴う場合は目的語の前に置きます。

▌時刻
两点	四点半	五点一刻	七点三刻	差五分十二点
liǎng diǎn	sì diǎn bàn	wǔ diǎn yí kè	qī diǎn sān kè	chà wǔ fēn shí'èr diǎn
（二時）	（四時半）	（五時十五分）	（七時四十五分）	（十二時五分前）

▌時点　他每天七点起床。　　　　　Tā měitiān qī diǎn qǐ chuáng.

　　　　我想明天下午去看电影。　Wǒ xiǎng míngtiān xiàwǔ qù kàn diànyǐng.

▌時間の幅　他学了一个小时汉语。　Tā xuéle yí ge xiǎoshí Hànyǔ.

　　　　　她去中国旅游了三天。　Tā qù Zhōngguó lǚyóule sān tiān.

訳してみよう

⑴　彼女は毎日テレビを2時間見ている。　　　　　　.................................

⑵　李さんはアメリカへ1週間旅行に行っていた。　.................................

⑶　私は6時半に起床したい。　　　　　　　　　　　.................................

POINT 2　前置詞 "从"

動作の起点（場所もしくは時間）を表し、「～から」という意味を表します。

　他是从意大利来的留学生。　Tā shì cóng Yìdàlì lái de liúxuéshēng.

　咱们从三点开始，好不好？　Zánmen cóng sān diǎn kāishǐ, hǎo bu hǎo?

訳してみよう

⑴　私は9時から始めたいです。　　　　　　　　.................................

⑵　彼はアメリカから来た留学生です。　　　　　.................................

⑶　明日私たちは学校から行く。　　　　　　　　.................................

POINT 3　名詞 + "呢"

名詞の後ろに "呢" を加え、「～は？」といった意味を表します。

　汉语很难，英语呢？　　　　　　Hànyǔ hěn nán, Yīngyǔ ne?

　小王是从北京来的，小李呢？　Xiǎo Wáng shì cóng Běijīng lái de, Xiǎo Lǐ ne?

093

(1) 中国の果物はとても安いが、日本は？ ....

(2) 私は漫画を読むのが好きですが、あなたは？ ....

(3) 中国は日本からとても近いが、韓国は？ ....

POINT 4 　助動詞 "会"

動詞の前に用い、練習などを通じて「できる」という意味を表します。

李老师会弹钢琴。　Lǐ lǎoshī huì tán gāngqín.

我不会做比萨饼。　Wǒ bú huì zuò bǐsàbǐng.

(1) あなたは中国語が話せますか。 ....

(2) 私は焼きギョーザが作れる。 ....

(3) 彼女は中国の歌が歌えない。 ....

POINT 5 　動詞 + "一点儿"

「動詞 + "一点儿"」の形で、量が少ないことを表わし、「ちょっと」、「すこし〜する」という意味を表します。しばしば "一" が省略されます。

妈妈包了（一）点儿韭菜馅儿的饺子。 Māma bāole (yì) diǎnr jiǔcài xiànr de jiǎozi.

昨天去超市买了（一）点儿蔬菜和水果。
Zuótiān qù chāoshì mǎile (yì) diǎn shūcài hé shuǐguǒ.

(1) 私は果物を少し食べたい。 ....

(2) 私は飲み物をすこし買いに行く。 ....

(3) 私は中国語をすこし習いたい。 ....

094

☆点 diǎn 量〜時　☆半 bàn 数半、30 分　☆刻 kè 量15 分間　☆差 chà 動足りない、不足する　☆每天 měitiān 名毎日　☆起床 qǐ chuáng 動起床する、起きる　☆小时 xiǎoshí 名時間　☆天 tiān 名〜日　☆意大利 Yìdàlì 名イタリア　☆开始 kāishǐ 動始まる、始める　☆走 zǒu 動歩く、行く、離れる　☆漫画 mànhuà 名漫画　☆韩国 Hánguó 名韓国　☆比萨饼 bǐsàbǐng 名ピザ　☆锅贴儿 guōtiēr 名焼きギョーザ　☆韭菜 jiǔcài 名にら　☆馅儿 xiànr 名（ギョーザなどの）具、あん　☆蔬菜 shūcài 名やさい　☆饮料 yǐnliào 名飲み物　☆晚上 wǎnshang 名夜

1 発音された語句の番号を下線に書きなさい。 🔊 095

① ② ③ ④

(1) .... (2) .... (3) ....

2 発音を聞いて、漢字で書きなさい。 🔊 096

(1) .... (2) ....

(3) .... (4) ....

3 以下の質問に答えてみよう。

(1) 你每天几点起床？ ➡ ....

(2) 你每天几点吃午饭？ ➡ ....

(3) 你每天看几个小时电视？ ➡ ....

4 適切な語句を（　　）内に入れ、日本語に訳しなさい。

(1) 妹妹每天晚上学半个（　　　　）英语。

　訳 ....

(2) 她（　　　　）唱歌儿，也（　　　　）跳舞。

　訳 ....

(3) 明天咱们一起包（　　　　）饺子，好不好？

　訳 ....

5 正しい語順に並べ替え、漢字に直しなさい。

(1) xiǎoshí ／ tā ／ kàn ／ zuótiān ／ ge ／ shū ／ liǎng ／ le

....

(2) shì ／ qù ／ zuótiān ／ xuéxiào ／ wǒ ／ de ／ cóng

....

(3) kāfēi ／ wǒ ／ diǎnr ／ hē ／ xiǎng

....

第11课

多少钱一双?
Duōshao qián yì shuāng?

一足いくらですか

🔊 097

本文 レストランを出て

王红: 小 张, 你 能 和 我们 一起 逛 街 吗?
Wáng Hóng: Xiǎo Zhāng, Nǐ néng hé wǒmen yìqǐ guàng jiē ma?

张凡: 不 好意思。 我 得 去 打 工, 你们 去 吧。
Bù hǎoyìsi. Wǒ děi qù dǎ gōng, nǐmen qù ba.

(デパートにて)

李梅: 可以 试试 这 双 鞋 吗?
Kěyǐ shìshi zhèi shuāng xié ma?

店员: 当然 可以。
diànyuán: Dāngrán kěyǐ.

李梅: 这 双 鞋 有点儿 小。 有 24 号 的 吗?
Zhèi shuāng xié yǒudiǎnr xiǎo. Yǒu èrshisì hào de ma?

店员: 有。 您 要 黑色 的 还是 茶色 的?
Yǒu. Nín yào hēisè de háishi chásè de?

李梅: 我 要 黑色 的。 多少 钱 一 双?
Wǒ yào hēisè de. Duōshao qián yì shuāng?

店员: 六千 五百 日币 外加 消费税。
Liùqiān wǔbǎi rìbì wàijiā xiāofèishuì.

🔊 098

本文の語句

- 多少钱 duōshao qián いくら
- 双 shuāng [量] 対のものを数える
- 能 néng [助動] できる
- 逛街 guàng jiē [動] 街をぶらぶら歩く
- 不好意思 bù hǎoyìsi 恥ずかしい、決まりが悪い
- 得 děi [助動] (口) ～しなければならない
- 试 shì [動] 試す
- 鞋 xié [名] くつ
- 有点儿 yǒudiǎnr [副] 少し

- 号 hào [量] サイズを表す
- 要 yào [動] 欲しい、要る
- 黑色 hēisè [名] 黒色
- 还是 háishi [接] それとも
- 茶色 chásè [名] 茶色
- 日币 rìbì [名] 日本円
- 外加 wàijiā [動] その上、それに加える
- 消费税 xiāofèishuì [名] 消費税

HONBUN
WORDS

POINT 1　助動詞"能"

　　述語の前に置き、動作主にあることを成し遂げる能力がある、またはあることを行う条件がそろっていることを表します。否定には**"不能"**を用います。この場合禁止の意味もあります。

他能吃三碗米饭。　　Tā néng chī sān wǎn mǐfàn.

这儿不能抽烟。　　　Zhèr bù néng chōu yān.

 訳してみよう

(1)　私は今日お酒が飲めない。 ....

(2)　このコップは壊れているので、使えなくなった。 ....

(3)　彼は水ギョーザを30個食べられる。 ....

POINT 2　助動詞"得 děi"

　　述語の前に用い、「～しなくては」の意味を表します。通常話し言葉に用います。文末に**"了"**を伴うときは「もう～しなくては」という意味を表します。否定には**"不用"**を用います。

下个月我得去中国出差。　　Xià ge yuè wǒ děi qù Zhōngguó chū chāi.

不早了，我得走了。　　　　Bù zǎo le, wǒ děi zǒu le.

 訳してみよう

(1)　私はもうパソコンを買いに行かなくては。 ....

(2)　明日私たちは電車で行かなくては。 ....

(3)　9時になった。私はもう授業に行かなくては。 ....

POINT 3　副詞"有点儿"

　　形容詞述語の前に用い、「少し」、「なんだか」という意味を表します。通常プラス評価の形容詞には用いられません。

这个菜有点儿辣。　　Zhèi ge cài yǒudiǎnr là.

这条裤子有点儿长。　　Zhèi tiáo kùzi yǒudiǎnr cháng.

 訳してみよう

(1)　今日はすこし蒸し暑い。 ....

(2)　中国語の発音はすこし難しい。 ....

(3) この服はすこし（値段が）高い。
_____

POINT 4　選択疑問文

「A +"还是"+ B」の形で、A かそれとも B かという選択の意味を表します。同じ動詞が続く場合、後ろの動詞が省略できます。

明天骑车去还是开车去？　　Míngtiān qí chē qù háishi kāi chē qù?

你吃火锅还是（吃）北京烤鸭？　Nǐ chī huǒguō háishi (chī) Běijīng kǎoyā?

訳してみよう

(1) あなたは魚を食べますか、それとも肉を食べますか。
_____

(2) あなたは家で勉強しますか、それとも図書館で勉強しますか。
_____

(3) あなたは音楽を聴くのが好きですか、それともテレビを見るのが好きですか。
_____

POINT 5　貨幣の言い方

元 yuán ／ 块 kuài　　角 jiǎo ／ 毛 máo　　分 fēn　（1元 = 10角 =100分）

人民币 rénmínbì　　日币 rìbì　　美元 měiyuán　　欧元 ōuyuán

西瓜多少钱一个？　　Xīguā duōshao qián yí ge?

这件旗袍三千八百块。　Zhèi jiàn qípáo sānqiān bābǎi kuài.

訳してみよう

(1) この弁当はいくらですか。
_____

(2) このパンは（1個につき）いくらですか。
_____

(3) 私は100ドルを持っている。
_____

ポイント＆ドリル語句

☆碗 wǎn 量 食器に盛ったご飯などを数える　☆米饭 mǐfàn 名 ライス　☆抽烟 chōu yān タバコを吸う　☆酒 jiǔ 名 酒　☆杯子 bēizi 名 コップ　☆坏 huài 形 悪い、壊れる　☆下个月 xià ge yuè 来月　☆早 zǎo 形 早い　☆辣 là 形 辛い　☆长 cháng 形 長い　☆开车 kāi chē 動 (車)を運転する　☆火锅 huǒguō 名 (中華風)寄せ鍋　☆鱼 yú 名 さかな　☆肉 ròu 名 肉　☆西瓜 xīguā 名 スイカ　☆旗袍 qípáo 名 チャイナドレス　☆盒饭 héfàn 名 弁当　☆美元 měiyuán 名 米ドル

1 発音された語句の番号を下線に書きなさい。 🔊 102

(1) .... (2) .... (3) ....

2 発音を聞いて、漢字で書きなさい。 🔊 103

(1) .... (2) ....

(3) .... (4) ....

3 以下の質問に答えてみよう。

(1) 你能吃辣的菜吗？ ➡ ....

(2) 你能喝几杯咖啡？ ➡ ....

(3) 这儿能抽烟吗？ ➡ ....

4 適切な語句を（　　）内に入れ、日本語に訳しなさい。

(1) 这儿离车站（　　　）远。

訳 ....

(2) 我身体不舒服，不（　　　）去买东西了。

訳 ....

(3) 你想九点去（　　）十点去？

訳 ....

5 正しい語順に並べ替え、漢字に直しなさい。

(1) yòng / néng / zìxíngchē / nǐ / ma / de / yíxià / wǒ

....

(2) dà / zhèi / yǒudiǎnr / xié / shuāng

....

(3) guì / zhōngguócài / rìběncài / guì / háishi

....

你 在 干 什么?
Nǐ zài gàn shénme?

何をしていますか

🔊 104

本文 部屋で勉強している剛君に声をかける

李梅:
你 在 干 什么?
Nǐ zài gàn shénme?

田原 剛:
我 在 学 英语。
Tiányuán Gāng: Wǒ zài xué Yīngyǔ.

李梅:
你 每天 都 有 时间 学 英语 吗?
Nǐ měitiān dōu yǒu shíjiān xué Yīngyǔ ma?

田原 剛:
差不多 都 有。
Chàbuduō dōu yǒu.

李梅:
你 每天 学 多 长 时间 英语?
Nǐ měitiān xué duō cháng shíjiān Yīngyǔ?

田原 剛:
大概 一 个 小时 左右。
Dàgài yí ge xiǎoshí zuǒyòu.

李梅:
你 觉得 英语 难 不 难?
Nǐ juéde Yīngyǔ nán bu nán?

田原 剛:
不 难。 对 了, 你 教 我 几 句 汉语 吧。
Bù nán. Duì le, nǐ jiāo wǒ jǐ jù Hànyǔ ba.

🔊 105

本文の語句

☆ 在 zài [副] ～している、動作の進行を表す
☆ 干 gàn [動] する、やる
☆ 差不多 chàbuduō [副] ほとんど、ほぼ
☆ 多 duō [代] どのぐらい
☆ 时间 shíjiān [名] 時間
☆ 大概 dàgài [副] およそ、だいたい
☆ 左右 zuǒyòu [名] 前後、～ぐらい
☆ 觉得 juéde [動] 思う、感じる
☆ 对了 duì le （何かを思い出す時に用いる）そうだ
☆ 教 jiāo [動] 教える
☆ 句 jù [量] 言葉の区切りを数える単位、センテンス

POINT

106

POINT 1 進行を表す副詞 "在"

述語の前に用い、動作が進行していることを表します。日本語では「～ている」という意味を表します。(☞第5課 動詞 "在"，第7課 前置詞 "在")

妈妈在做饭。Māma zài zuò fàn.　　李老师在上课。Lǐ lǎoshī zài shàng kè.

訳してみよう

(1) 私は音楽を聴いている。

(2) 彼はジョギングをしている。

(3) 彼女たちはお喋りをしている。

POINT 2 "有" + 名詞 + 動詞

後ろの動詞が意味的に前の名詞を修飾します。日本語では連体修飾の形で「～する（名詞）がある / ない」のように訳します。

我有钱买电脑。　　　　　　　Wǒ yǒu qián mǎi diànnǎo.

你们有没有机会去中国留学？　Nǐmen yǒu méiyǒu jīhuì qù Zhōngguó liú xué?

訳してみよう

(1) フランス語が話せる人はいません。

(2) 私にはアメリカ旅行に行くお金がない。

(3) 彼は忙しすぎて、体を鍛える時間がない。

POINT 3 "多" + 形容詞

"多" を形容詞の前に置き、「どのぐらい～」という意味を表します。前にしばしば "有" を伴います。

这条河（有）多长？　　　Zhèi tiáo hé (yǒu) duō cháng?

你家离车站（有）多远？　Nǐ jiā lí chēzhàn (yǒu) duō yuǎn?

訳してみよう

(1) 日本の富士山はどのぐらい高いですか。

⑵　この荷物はどのぐらい重いですか。

⑶　あなたの家は学校からどのぐらい離れています（遠い）ですか。

POINT **4**　　"觉得"

文を目的語にとることができ、話し手の気持ち、感覚などを表します。
日本語では「〜と思う」という意味に相当します。否定には"不"を用います。

我觉得汉语的发音比英语难。　　Wǒ juéde Hànyǔ de fāyīn bǐ Yīngyǔ nán.

我不觉得今天闷热。　　Wǒ bù juéde jīntiān mēnrè.

 訳してみよう

⑴　（あなたは）スキーはおもしろいと思いますか。

⑵　（私は）中華料理はとてもおいしいと思う。

⑶　（私は）今日は涼しいとは思わない。

POINT **5**　　**二重目的語を取る動詞**

目的語を二つとれる動詞の構文です。間接目的語は前に、直接目的語は後ろに置きます。
日本語の「〜に〜を＋動詞」という構文に相当します。

奶奶给我一百块（钱）。　　Nǎinai gěi wǒ yìbǎi kuài (qián).

告诉你一个好消息。　　Gàosu nǐ yí ge hǎo xiāoxi.

 訳してみよう

⑴　お母さんは子供に英語を教える。

⑵　彼は私に映画のチケットを2枚くれた。

⑶　あなたの電話番号を彼に教えてもいいですか。

🔊 108

ポイント＆ドリル語句

✿ 上课 shàng kè ［動］授業を受ける、授業をする　✿ 跑步 pǎo bù ［動］ジョギングをする　✿ 聊天儿 liáo
tiānr ［動］おしゃべりをする　✿ 钱 qián ［名］お金　✿ 机会 jīhuì ［名］機会、チャンス　✿ 忙 máng ［形］忙
しい　✿ 锻炼 duànliàn ［動］鍛える　✿ 河 hé ［名］川　✿ 高 gāo ［形］高い　✿ 行李 xíngli ［名］荷物
✿ 滑雪 huá xuě ［動］スキーをする　✿ 告诉 gàosu ［動］知らせる、教える　✿ 消息 xiāoxi ［名］ニュース、
知らせ　✿ 电影票 diànyǐng piào ［名］映画のチケット　✿ 打麻将 dǎ májiàng　マージャンをする
✿ 个子 gèzi ［名］身長

右側：第 **12** 課

1 発音された語句の番号を下線に書きなさい。 🔊 109

① ② ③ ④

(1) .... (2) .... (3) ....

2 発音を聞いて、漢字で書きなさい。 🔊 110

(1) .... (2) ....

(3) .... (4) ....

3 以下の質問に答えてみよう。

(1) 你有时间看电视吗？ ➡ ....

(2) 你有机会去外国留学吗？ ➡ ....

(3) 你有钱买书吗？ ➡ ....

4 適切な語句を（　）内に入れ、日本語に訳しなさい。

(1) 我（　　　）这件衣服很漂亮。

訳 ....

(2) 他们（　　　）打麻将。

訳 ....

(3) 你们学校的图书馆有（　　　）大？

訳 ....

5 正しい語順に並べ替え、漢字に直しなさい。

(1) yǒu / tā / gāo / duō / gèzi

....

(2) kàn / zài / bàba / diànshì

....

(3) zhāng / le / diànyǐng piào / yī / gěi / tā / wǒ

....

拿过来，给我看看。
Náguolai, gěi wǒ kànkan.

ちょっと見せてください

🔊 111

本 文 田原家のキッチンにて

田原 亮：
李 梅 回来 了 吗？
Lǐ Méi huílai le ma?

田原 樱子：
回来 了。 在 屋里 教 小 刚 汉语 呢。
Huílai le. Zài wūli jiāo Xiǎo Gāng Hànyǔ ne.

田原 亮：
我 给 她 买来了 一 本 旅游 攻略。
Wǒ gěi tā mǎilaile yì běn lǚyóu gōnglüè.

田原 樱子：
真 的？ 拿过来， 给 我 看看。
Zhēn de? Náguolai, gěi wǒ kànkan.

田原 亮：
怎么样？ 这 本 旅游 攻略 不错 吧。
Zěnmeyàng? Zhèi běn lǚyóu gōnglüè búcuò ba.

田原 樱子：
不错， 介绍得 挺 详细 的。
Búcuò, jièshàode tǐng xiángxì de.

田原 亮：
咱们 要 不 要 也
Zánmen yào bu yào yě

买 一 本？
mǎi yì běn?

田原 樱子：
好 啊。
Hǎo a.

🔊 112

本文の語句

☆ 过来 guòlai [動]（こちらの方に向かって）やってくる
☆ 给 gěi [前置] ～に、～のために
☆ 回来 huílai [動] 戻ってくる
☆ 屋里 wūli 部屋の中
☆ 呢 ne [助] 動作の持続を表す

☆ 拿 ná [動] 持つ、取る
☆ 攻略 gōnglüè [名] 攻略（本）
☆ 不错 búcuò [形] よい、悪くない
☆ 挺 tǐng [副] とても
☆ 详细 xiángxì [形] 詳細だ

POINT 1　方向補語

	上 (shàng)	下 (xià)	进 (jìn)	出 (chū)	回 (huí)	过 (guò)	起 (qǐ)
来 lái	上来	下来	进来	出来	回来	过来	起来
去 qù	上去	下去	进去	出去	回去	过去	

　方向補語には単純方向補語と複合方向補語があります。事物を目的語にとるとき、已然の場合は方向補語の後ろに置きますが、未然（依頼など）の場合は方向補語の前に置きます。また場所を目的語にとる場合は場所名詞を"来 / 去"の直前に置きます。

▌単純方向補語：　動詞＋来 / 去　　動詞＋上 / 下 / 进…

　　他从图书馆借来了一本书。　　Tā cóng túshūguǎn jièlaile yì běn shū.

　　带一瓶茅台酒去吧。　　Dài yì píng Máotáijiǔ qu ba.

▌複合方向補語：　動詞＋上来 / 上去 / 出去 / 出来…

　　她从十楼走了下来。　　Tā cóng shí lóu zǒule xiàlai.

　　下课了，王老师走出教室去。　　Xià kè le, Wáng lǎoshī zǒuchū jiàoshì qu.

訳してみよう

⑴　彼は本屋を（歩いて）出てきた。　　..

⑵　友達がリンゴを20個届けてきてくれた。　　..

⑶　李先生は駅から歩いて帰ってきた。　　..

POINT 2　方位詞

　中国語の一部の名詞には場所語としての機能がありません。場所として機能するためには後ろに方位詞を加える必要があります。方位詞には次のようなものがあります。

	上 shàng	下 xià	前 qián	后 hòu	里 lǐ	外 wài	东 dōng	南 nán	西 xī	北 běi	左 zuǒ	右 yòu	旁 páng	对 duì
面 miàn	○	○	○	○	○	○	○	○	○	○	○	○	×	○
边 biān	○	○	○	○	○	○	○	○	○	○	○	○	○	×
头 tóu	○	○	○	○	○	○	○	○	○	○	×	×	×	×

　　桌子上有什么？　　Zhuōzishang yǒu shénme?

　　车站旁边儿有一家超市。　　Chēzhàn pángbiānr yǒu yì jiā chāoshì.

　　前面有一个停车场。　　Qiánmiàn yǒu yí ge tíngchēchǎng.

訳してみよう 🔊 114

(1) 机の上にボールペンが2本ある。　　　　　　　　　　　　　　　　　　　　

(2) 私の家は公園の向かい側にある。　　　　　　　　　　　　　　　　　　　　

(3) 教室の中に人がいない。　　　　　　　　　　　　　　　　　　　　

POINT 3　持続を表す助詞 "呢"

文末に置き、動作が続いていることを表します。日本語の「〜している」に相当します。進行を表す副詞 "在" などと一緒に用いることも可能です。

> 妈妈在厨房做饭呢。　　Māma zài chúfáng zuò fàn ne.
>
> 小李跟朋友聊天儿呢。　　Xiǎo Lǐ gēn péngyou liáo tiānr ne.

訳してみよう

(1) 彼はテレビを見ている（よ）。　　　　　　　　　　　　　　　　　　　　

(2) 田原さんは図書館で資料を調べている（よ）。　　　　　　　　　　　　

(3) 彼女は音楽を聴いている（よ）。　　　　　　　　　　　　　　　　　

POINT 4　前置詞 "给"

物や利益の受け取りを表す名詞の前に置き、受給や受益の相手を示します。日本語の「〜に」に相当しますが、文脈によっては「〜てあげる、〜てくれる」と訳すことも可能です。

> 朋友给她送了一个生日礼物。　　Péngyou gěi tā sòngle yí ge shēngrì lǐwù.
>
> 她每天给家里打一个电话。　　Tā měitiān gěi jiāli dǎ yí ge diànhuà.

訳してみよう

(1) 彼女は私たちに中華料理を2品作ってくれた。　　　　　　　　　　　　

(2) 王さんは李先生に絵を1枚プレゼントした。　　　　　　　　　　　　

(3) 彼は子供に本を10冊買ってあげた。　　　　　　　　　　　　

🔊 115

ポイント&ドリル語句

☆帯 dài 動持つ　☆瓶 píng 量〜瓶、〜本　☆茅台酒 Máotáijiǔ 名 (蒸留酒の一種)マオタイ酒　☆楼 lóu 名 (建物の) 階、フロア　☆下课 xià kè 動授業が終わる　☆送 sòng 動送る、届ける、プレゼントする　☆桌子 zhuōzi 名机　☆旁边儿 pángbiānr 名そば　☆前面 qiánmiàn 名前　☆对面 duìmiàn 名向かい側　☆厨房 chúfáng 名キッチン、台所　☆查 chá 動調べる　☆资料 zīliào 名資料　☆生日礼物 shēngrì lǐwù 名誕生日プレゼント　☆画儿 huàr 名絵　☆客厅 kètīng 名リビング　☆游戏 yóuxì 名ゲーム

POINT
WORDS

Drill

1 発音された語句の番号を下線に書きなさい。 🔊116

① ② ③ ④

(1) .... (2) .... (3) ....

2 発音を聞いて、漢字で書きなさい。 🔊117

(1) .... (2) ....

(3) .... (4) ....

3 以下の質問に答えてみよう。

(1) 教室里有多少人？ ➡ ....

(2) 图书馆在哪儿？ ➡ ....
（方位詞で答える）

4 適切な語句を（　）内に入れ、日本語に訳しなさい。

(1) 弟弟在客厅玩儿游戏（　　　）。

訳 ....

(2) 哥哥（　　　）妹妹买（　　　）了一个肉包子。

訳 ....

(3) 妈妈从厨房走了（　　　）。

訳 ....

5 正しい語順に並べ替え、漢字に直しなさい。

(1) hé / tā / hē / péngyou / ne / yìqǐ / kāfēi

....

(2) Xiǎo / Lǐ / diànhuà / zuótiān / gěi / dǎ / wǒ / le

....

(3) xiàlai / cóng / le / zǒu / fēijīshang / tā

....

72

你 的 脚 怎么 了?
Nǐ de jiǎo zěnme le?

足はどうされましたか

本文 田原雪の部屋にて　📢118

李梅：
你 的 脚 怎么 了? 是 不 是 扭伤 了?
Nǐ de jiǎo zěnme le? Shì bu shì niǔshāng le?

田原雪：
是 啊, 昨天 不 小心 被 石头 绊了 一下。
Shì a, zuótiān bù xiǎoxīn bèi shítou bànle yíxià.

李梅：
伤得 厉害 不 厉害?
Shāngde lìhai bu lìhai?

田原雪：
不 太 厉害。 过 两 天 就 好 了。
Bú tài lìhai. Guò liǎng tiān jiù hǎo le.

李梅：
那 你 明天 不 能 去 上 课 了 吧。
Nà nǐ míngtiān bù néng qù shàng kè le ba.

田原雪：
是 啊。 妈妈 让 我 在 家里 休息 几 天。
Shì a. Māma ràng wǒ zài jiāli xiūxi jǐ tiān.

李梅：
你 行动 不 方便, 需要 什么 告诉 我。
Nǐ xíngdòng bù fāngbiàn, xūyào shénme gàosu wǒ.

田原雪：
好, 谢谢 你。
Hǎo, xièxie nǐ.

📢119

本文の語句

☆脚 jiǎo 名 足
☆怎么了 zěnme le どうした
☆扭 niǔ 動 ひねる、ねじる
☆伤 shāng 動 怪我をする
☆不小心 bù xiǎoxīn 不注意
☆被 bèi 前置 受け身を表す。〜れる、〜られる
☆石头 shítou 名 石
☆绊 bàn 動 つまずく

☆厉害 lìhai 形 すごい、ひどい
☆过 guò 動 (時間を)経過する
☆就 jiù 動 すぐに、(〜すると)すぐ
☆让 ràng 動 使役を表す、(〜に〜)させる
☆行动 xíngdòng 名 行動、振る舞い
☆不方便 bù fāngbiàn (〜が)不自由だ
☆需要 xūyào 動 (〜することを)必要とする

POINT

🔊 120

POINT 1　結果補語

動詞の後ろに補語（動詞か形容詞）を加え、動作の結果を表します。否定には通常 "没" を用います。

動詞＋結果補語				"没"＋動詞＋結果補語			
买	到	了	mǎidào le	没	买	到	méi mǎidào
看	完	了	kànwán le	没	看	完	méi kànwán
听	懂	了	tīngdǒng le	没	听	懂	méi tīngdǒng
做	好	了	zuòhǎo le	没	做	好	méi zuòhǎo

我想吃完了饭做作业　　　　Wǒ xiǎng chīwánle fàn zuò zuòyè.

房间整理好了吗？　　　　　Fángjiān zhěnglǐhǎo le ma?

他没听懂老师说的汉语。　　Tā méi tīngdǒng lǎoshī shuō de Hànyǔ.

 訳してみよう

(1)　この本は読み終わりましたか。

(2)　彼は北京行きの航空券が買えた。

(3)　ちゃんと用意できましたか。行きましょう。

POINT 2　受身を表す "被"

「A＋"被"＋B＋動詞＋（補語）」の形で、AがBにされるという受身の意味を表します。しかし、中国語の受身は「～された」だけでは不十分で、さらに「～されてどうなった」についても触れる必要があります。また中国語の受身はしばしば好ましくない場合に用います。

我的自行车被妹妹骑走了。　　Wǒ de zìxíngchē bèi mèimei qízǒu le.

昨天衣服被雨淋湿了。　　　　Zuótiān yīfu bèi yǔ línshī le.

 訳してみよう

(1)　パソコンは子供に壊されてしまった。

(2)　ノートは田原さんに借りていかれた。

(3)　姉の服は妹に着て行かれた。

POINT 3 副詞"就"

述語の前に置き、数量が少ないことや時間が短い、あるいは少ないことを表します。

他昨天十点就睡觉了。　　　Tā zuótiān shí diǎn jiù shuì jiào le.

爸爸看了一会儿报纸就去上班了。　Bàba kànle yíhuìr bàozhǐ jiù qù shàng bān le.

訳してみよう

(1) 母は5時に（もう）夕飯を食べた。

(2) 李さんは頭痛がして、3時に（もう）家に帰った。

(3) 彼女はテレビをしばらく見てから（すぐに）寝た。

POINT 4 使役を表す"让/叫"

「A +"让/叫"+ B +動詞」の形で、「AがBに何かをさせる」という使役の意味を表します。否定は「"不/没"+"让/叫"〜」になります。

公司让他去上海出差。　　　Gōngsī ràng tā qù Shànghǎi chū chāi.

父母让孩子去美国留学。　　Fùmǔ ràng háizi qù Měiguó liú xué.

上课的时候，老师不让学生玩儿手机。
Shàng kè de shíhou, lǎoshī bú ràng xuésheng wánr shǒujī.

訳してみよう

(1) 先生は学生に宿題を提出させる。

(2) お母さんは（私に）アルバイトをさせてくれない。

(3) 私は妹に掃除をさせる。

🔊 122

ポイント & ドリル語句

☆完 wán 動終わる　☆作业 zuòyè 名宿題　☆房间 fángjiān 名部屋　☆整理 zhěnglǐ 動整理する　☆懂 dǒng 動分かる　☆到 dào 動（結果補語として）目的の達成を表す　☆准备 zhǔnbèi 動用意する　☆雨 yǔ 名雨　☆淋湿 línshī 濡れる　☆弄坏 nònghuài 壊す　☆笔记本 bǐjìběn 名ノート　☆穿 chuān 動（衣服を）着る、（ズボン、靴を）はく　☆睡觉 shuì jiào 動寝る　☆一会儿 yíhuìr 数量しばらく、少しの間　☆报纸 bàozhǐ 名新聞　☆上班 shàng bān 動出勤する　☆晚饭 wǎnfàn 名夕飯　☆头疼 tóu téng 頭が痛い　☆公司 gōngsī 名会社　☆父母 fùmǔ 名父母、両親　☆时候 shíhou 名〜の時　☆交 jiāo 動提出する、出す　☆打扫卫生 dǎsǎo wèishēng 掃除をする　☆开会 kāi huì 動会議を開く　☆钱包儿 qiánbāor 名財布　☆偷 tōu 動盗む　☆病人 bìngrén 名病人、患者　☆戒烟 jiè yān タバコを止める

POINT WORDS

1 発音された語句の番号を下線に書きなさい。 🔊 123

(1) .... (2) .... (3) ....

2 発音を聞いて、漢字で書きなさい。 🔊 124

(1) .... (2) ....

(3) .... (4) ....

3 与えられた語句を使って、練習してみよう。

我 .... 就 .... 了。

| 今天五点 | 起床 |
| 妈妈七点 | 去上班 |

4 適切な語句を（ ）内に入れ、日本語に訳しなさい。

(1) 我的钱包儿（ ）人偷了。 訳 ....

(2) 你想说什么，我没听（ ）。 訳 ....

(3) 医生（ ）病人戒烟。 訳 ....

5 正しい語順に並べ替え、漢字に直しなさい。

(1) dìdi / le / shǒujī / nònghuài / bèi / de / wǒ

....

(2) nǐ / lái / shéi / de / ràng

....

(3) zuòwán / de / le / jīntiān / zuòyè / ma

....

你们 商量好 去 哪儿 了吗?
Nǐmen shāngliānghǎo qù nǎr le ma?

どこに行くか決まりましたか

🔊 125

本文 田原家のリビングにて

田原亮: 你们 俩 怎么 还 不 休息?
Nǐmen liǎ zěnme hái bù xiūxi?

田原雪: 我们 在 商量 周末 去 哪儿 玩儿 呢。
Wǒmen zài shāngliang zhōumò qù nǎr wánr ne.

田原亮: 你 的 伤 好 了 吗?
Nǐ de shāng hǎo le ma?

田原雪: 好 了。 脚 一点儿 都 不 疼 了。
Hǎo le. Jiǎo yìdiǎnr dōu bù téng le.

田原亮: 你们 商量好 去 哪儿 了 吗?
Nǐmen shāngliānghǎo qù nǎr le ma?

田原雪: 还 没有。
Hái méiyǒu.

我 去 哪儿 都 行, 李 梅 想 去看看 富士山。
Wǒ qù nǎr dōu xíng, Lǐ Méi xiǎng qù kànkan Fùshìshān.

田原亮: 那 就 开车 去 箱根 吧。 从 那儿 能 看到 富士山。
Nà jiù kāi chē qù Xiānggēn ba. Cóng nàr néng kàndào Fùshìshān.

田原雪: 对 呀。 看完 富士山, 咱们 再 去 洗 温泉, 好 吗?
Duì ya. Kànwán Fùshìshān, zánmen zài qù xǐ wēnquán, hǎo ma?

🔊 126

本文の語句

☆ 俩 liǎ 二人
☆ 怎么 zěnme 代 どうして、なんで
☆ 还 hái 副 まだ、依然として
☆ 周末 zhōumò 名 週末
☆ 伤 shāng 名 傷、けが
☆ 一点儿都 yìdiǎnr dōu 少しも~(ない)
☆ 行 xíng 形 よろしい

☆ 疼 téng 形 痛い
☆ 就 jiù 副 ~ならば~だ(する)
☆ 箱根 Xiānggēn 名 (地名)箱根
☆ 呀 ya 助 "啊"の音便
☆ 再 zài 副 ふたたび、~てから
☆ 洗温泉 xǐ wēnquán 温泉に入る

POINT 1　原因を表す"怎么"

　述語の前あるいは文頭に置き、出来事の原因を問います。日本語では「どうして」、「なんで」の意味に相当します。

小王今天怎么没来上班?　　Xiǎo Wáng jīntiān zěnme méi lái shàng bān?

九点了，你怎么还不去上课?　　Jiǔ diǎn le, nǐ zěnme hái bú qù shàng kè?

訳してみよう

(1)　(あなたは)どうしてまだ起きないの?　..

(2)　あなたはどうしてまだ家に帰らないの?　..

(3)　彼女はどうしてご飯を食べないの。　..

POINT 2　"一点儿都不 / 没～"

　後ろに形容詞を加え、否定の形で用います。「全然／少しも～ない」の意味を表します。

今天一点儿都不热。　　Jīntiān yìdiǎnr dōu bú rè.

这个菜一点儿都不咸。　　Zhèi ge cài yìdiǎnr dōu bù xián.

訳してみよう

(1)　英語は少しも難しくない。　..

(2)　この料理は全然辛くない。　..

(3)　この色は全然派手ではない。　..

POINT 3　疑問詞＋"都"

　「疑問詞＋"都"」の形を用い、後ろに肯定形が続くときは「なんでも」、否定形が続くときは「なにも」という意味を表します。

小王不挑食，什么都吃。　　Xiǎo Wáng bù tiāoshí, shénme dōu chī.

她星期天哪儿都不去，一直在家里睡觉。
Tā xīngqītiān nǎr dōu bú qù, yìzhí zài jiāli shuì jiào.

訳してみよう 😮💬📷

(1) 李さんは誰の言うことも聞かない。 ....

(2) 彼はどんなお酒でも飲む。 ....

(3) 彼女の妹はどこにも行ったことがない。 ....

POINT 4 　副詞"再"

述語の前に用い、もう一度動作をする、または動作を後回しにするといった意味を表します。一般的に動作がまだ行われていない場合に使います。

这儿的麻婆豆腐真好吃，再点一个吧。
Zhèr de mápó dòufu zhēn hǎochī, zài diǎn yí ge ba.

今天没空儿，明天再说吧。　Jīntiān méi kòngr, míngtiān zài shuō ba.

先查资料，然后再写报告。　Xiān chá zīliào, ránhòu zài xiě bàogào.

訳してみよう 😮💬📷

(1) 今日は疲れているから、明日（また）見に行こう。

....

(2) 私はごはんをもう 1 杯（膳）食べたい。

....

(3) まずしばらく休んで、それから（また）ご飯を食べよう。

....

🔊 129

ポイント & ドリル語句

☆ 咸 xián ［形］塩辛い　☆ 颜色 yánsè ［名］色　☆ 艳 yàn ［形］色彩があでやかだ、派手だ　☆ 挑食 tiāoshí ［動］食べ物の好き嫌いがある　☆ 一直 yìzhí ［副］ずっと、まっすぐ　☆ 话 huà ［名］話、言うこと　☆ 麻婆豆腐 mápó dòufu ［名］マーボー豆腐　☆ 点 diǎn ［動］注文する、指定する　☆ 空儿 kòngr ［名］暇　☆ 报告 bàogào ［名］レポート　☆ 零食 língshí ［名］おやつ　☆ 冰箱 bīngxiāng ［名］冷蔵庫　☆ 找 zhǎo ［動］探す、見つける

1 発音された語句の番号を下線に書きなさい。 🔊 130

(1) .... (2) .... (3) ....

2 発音を聞いて、漢字で書きなさい。 🔊 131

(1) .... (2) ....

(3) .... (4) ....

3 与えられた語句を使って、練習してみよう。

你 .... 完 .... 做什么？

| 吃 | 饭 | （看电视） |
| 买 | 东西 | （去公园散步） |

4 適切な語句を（　）内に入れ、日本語に訳しなさい。

(1) 她（　　　）哭了？

訳 ....

(2) 冰箱里（　　　）都没有。

訳 ....

(3) 张老师不在，你明天（　　　）来找他吧。

訳 ....

5 正しい語順に並べ替え、漢字に直しなさい。

(1) yìdiǎnr / tā / bù / xuéxiào / dōu / jiā / yuǎn / lí

....

(2) dǎ / gōng / jīntiān / qù / nǐ / zěnme / bù

....

(3) diǎn / míngtiān / jǐ / qù / xíng / dōu

....

咱们 一起 照 张 相 吧。

Zánmen yìqǐ zhào zhāng xiàng ba.

一緒に写真を撮りましょう 🍀

🔊 132

本文 箱根大涌谷にて

田原亮：在 中国 吃不到 温泉蛋 吧？来，再 吃 一 个。
Zài Zhōngguó chībudào wēnquándàn ba? Lái, zài chī yí ge.

李 梅：不行，我 吃不下 了。
Bùxíng, wǒ chībuxià le.

田原刚：把 温泉蛋 给 我，我 能 吃。
Bǎ wēnquándàn gěi wǒ, wǒ néng chī.

（富士山を見て）

李 梅：富士山 真 漂亮。 咱们 一起 照 张 相 吧。
Fùshìshān zhēn piàoliang. Zánmen yìqǐ zhào zhāng xiàng ba.

田原亮：好 啊。（写真を見て）照得 不错。 等 你 下次 来
Hǎo a. Zhàode búcuò. Děng nǐ xiàcì lái

日本 时，咱们 再 来。
Rìběn shí, zánmen zài lái.

田原雪：我们 等着 你。
Wǒmen děngzhe nǐ.

（しばらく遊んで）

田原亮：有点儿 阴天 了，会 不 会 下 雨？
Yǒudiǎnr yīntiān le, huì bu huì xià yǔ?

田原雪：不 会 的。 我 看过 天气 预报。
Bú huì de. Wǒ kànguo tiānqì yùbào.

🔊 133

本文の語句

☆ 温泉蛋 wēnquándàn 名 温泉卵
☆ 不行 bùxíng だめだ
☆ ～不下 ～búxià 量が多くて収容しきれない
☆ 把 bǎ 前置 ～を
☆ 下次 xiàcì この次、次回

☆ 着 zhe 助 ～している、持続を表す
☆ 阴天 yīntiān 名 曇り、曇天
☆ 会 huì 助動 見込み、可能性を表す
☆ 下雨 xià yǔ 雨が降る
☆ 天气预报 tiānqì yùbào 名 天気予報

POINT 1　可能補語

行為の結果、その目的が実現できるか否かを表します。しばしば否定や疑問の形で用いる。

V＋**得**＋補語　　　　　　V＋**不**＋補語

吃 得 到 chīdedào　　　　吃 不 到 chībudào
买 得 起 mǎideqǐ　　　　买 不 起 mǎibuqǐ
听 得 见 tīngdejiàn　　　听 不 见 tīngbujiàn
拿 得 了 nádeliǎo　　　　拿 不 了 nábuliǎo

这块手表太贵了，我买不起。　Zhèi kuài shǒubiǎo tài guì le, wǒ mǎibuqǐ.
你看得见老师写的字吗?　　　Nǐ kàndejiàn lǎoshī xiě de zì ma?
声音太小了，我听不见。　　　Shēngyīn tài xiǎo le, wǒ tīngbujiàn.

 訳してみよう

(1) 日本ではチャイナドレスが買えますか。

(2) この服は小さくなった。着られなくなった。

(3) あなたは先生の言っていることが聞こえますか。

POINT 2　"把"構文

「**把**"＋目的語＋動詞＋補語」の形で、目的語に対する行為だけでなく、行為の結果がどうなったかも述べる必要があります（動詞によっては"**了**"でもよい）。通常目的語は特定のものであり、否定を表す副詞"**没／不**"は"**把**"の前に置きます。

妈妈把冰箱里的东西都拿出来了。　Māma bǎ bīngxiāngli de dōngxi dōu náchulai le.
他没把话说清楚。　　　　　　　　Tā méi bǎ huà shuō qīngchu.

 訳してみよう

(1) あまりにも暑いので、エアコンをつけよう。

(2) 私はかぎをなくしてしまった。

(3) 私は電話番号を彼に教えなかった。

POINT 3　存現文

「(場所詞／時間詞)＋動詞＋(数量詞)＋名詞」の形で、人物や事物が存在したり、現れたり、もしくは消失したりすることを表します。また自然現象を表す場合もこの構文を用います。

我们公司来了一位年轻的领导。　Wǒmen gōngsī láile yí wèi niánqīng de lǐngdǎo.

钱包里少了一万日币。　Qiánbāoli shǎole yíwàn rìbì.

外面下雪了。　Wàimiàn xià xuě le.

訳してみよう

⑴　彼の家にはお客さんが 1 人来ている。

⑵　教室から椅子が（1 脚）少なくなった。

⑶　雨が降ってきたので、洗濯物を取り入れよう。

POINT 4　持続を表す"着"

　動詞の直後に"着"を加え、動作が続いていること、または動作の結果の状態が続いていることを表します。文末に"呢"を伴うことがあります。

墙上挂着一张油画儿。　Qiángshang guàzhe yì zhāng yóuhuàr.

爸爸在床上躺着呢。　Bàba zài chuángshang tǎngzhe ne.

訳してみよう

⑴　机の上にパソコンが（1 台）置いてある。

⑵　王先生は手に数冊の本を持っている。

⑶　外は雨が降っているよ。

POINT 5　可能性を表す助動詞"会"

　述語の前に置き、出来事の可能性について話し手の見込みを表します。日本語では「〜の見込みがある」、「〜のはずだ」といったような意味になります。否定には"不"を用います。疑問文以外は文末によく"的"を伴います。

他会不会把时间记错了？　Tā huì bu huì bǎ shíjiān jìcuò le?

你觉得小李今天会来吗？　Nǐ juéde Xiǎo Lǐ jīntiān huì lái ma?

小王不会把这件事儿告诉老师的。　Xiǎo Wáng bú huì bǎ zhèi jiàn shìr gàosu lǎoshī de.

訳してみよう

⑴　彼女は風邪を引いているのだろうか。

⑵　王先生は怒らないはずだ。

⑶　彼が同意する（可能性がある）と思いますか。

Drill

1 発音された語句の番号を下線に書きなさい。 🔊 136

| ① | ② | ③ | ④ |

(1) .... (2) .... (3) ....

2 発音を聞いて、漢字で書きなさい。 🔊 137

(1) .... (2) ....

(3) .... (4) ....

3 以下の文を"把"構文に直してみよう。

(1) 小王被李老师叫去了。 ➡ ....

(2) 桌子上的鱼被猫吃了。 ➡ ....

4 適切な語句を（　）内に入れ、日本語に訳しなさい。

(1) 电脑打不（　　　）了，坏了吧。

訳 ....

(2) 小刘背（　　　）双肩包走了进来。

訳 ....

(3) 她（　　　）书包里的东西都拿出来了。

訳 ....

5 正しい語順に並べ替え、漢字に直しなさい。

(1) zhe / rén / ge / shāfāshang / liǎng / zuò

....

(2) lāmiàn / Rìběn / zài / chīdedào / Zhōngguó / de

....

(3) fàn / māma / le / zuòhǎo / bǎ

....

84

☆ 块 kuài 量塊状や片状のものを数える　☆ 手表 shǒubiǎo 名腕時計　☆ 声音 shēngyīn 名声

☆ 东西 dōngxi 名もの　☆ 清楚 qīngchu 形はっきりしている、明らかである　☆ 空调 kōngtiáo

名エアコン　☆ 打开 dǎkāi 動開ける、つける　☆ 钥匙 yàoshi 名鍵　☆ 弄丢 nòngdiū 動なく

す　☆ 电话号码 diànhuà hàomǎ 電話番号　☆ 位 wèi 量(敬意を込めて)人を数える　☆ 年轻

niánqīng 形若い　☆ 领导 lǐngdǎo 名指導者、責任者　☆ 少 shǎo 形少ない　☆ 下雪 xià xuě

雪が降る　☆ 客人 kèren 名客　☆ 把 bǎ 量取っ手のある器物を数える　☆ 椅子 yǐzi 名椅子

☆ 墙 qiáng 名壁　☆ 挂 guà 動掛ける　☆ 油画儿 yóuhuàr 名油絵　☆ 床 chuáng 名ベッド

☆ 躺 tǎng 動横になる　☆ 放 fàng 動置く　☆ 记错 jìcuò 動覚え間違える　☆ 事儿 shìr 名事

柄、用事　☆ 感冒 gǎnmào 動風邪をひく　☆ 生气 shēng qì 動腹が立つ、怒る　☆ 同意 tóngyì

動同意する　☆ 猫 māo 動猫　☆ 背 bēi 動背負う　☆ 双肩包 shuāngjiānbāo 名リュックサック

☆ 沙发 shāfā 名ソファー　☆ 段 duàn 量一定の時間や距離を表す

POINT

WORDS

読んでみよう 😮

🔊 139

　　李梅利用假期来日本短期留学，在田原家住了一段时间。田原有一
个女儿和一个儿子。女儿叫田原雪，是大学生。儿子叫田原刚，是中学
一年级的学生。李梅和田原一家一起吃饭、聊天儿、看电视，体验日本
的家庭生活。周末李梅和田原一家去箱根玩儿。他们在大涌谷吃温泉蛋，
看富士山，玩儿得很开心。

　　Lǐ Méi lìyòng jiàqī lái Rìběn duǎnqī liú xué, zài Tiányuán jiā zhùle yí duàn
shíjiān.　Tiányuán yǒu yí ge nǚ'ér hé yí ge érzi.　Nǚ'ér jiào Tiányuán Xuě, shì
dàxuéshēng.　Érzi jiào Tiányuán Gāng, shì zhōngxué yì niánjí de xuésheng.　Lǐ
Méi hé Tiányuán yì jiā yìqǐ chī fàn、liáo tiānr、kàn diànshì、tǐyàn Rìběn de jiātíng
shēnghuó.　Zhōumò Lǐ Méi hé Tiányuán yì jiā qù Xiānggēn wánr.　Tāmen zài
Dàyǒnggǔ chī wēnquándàn, kàn Fùshìshān, wánrde hěn kāixīn.

索 引

*数字は課を示す。太字は「本文の語句」を表します。

第 1 課 　ドリル 1：p24
1 ① 中国人 　 ② 日本人 　 ③ 医生 　 ④ 美国人

第 2 課 　ドリル 1：p28
1 ① 寿司 　 ② 红茶 　 ③ 面包 　 ④ 车站

第 3 課 　ドリル 1：p32
1 ① 星期六 　 ② 二十号 　 ③ 明年 　 ④ 奶奶

第 4 課 　ドリル 1：p36
1 ① 自行车 　 ② 电脑 　 ③ 裤子 　 ④ 手机

第 5 課 　ドリル 1：p40
1 ① 停车场 　 ② 热闹 　 ③ 书包 　 ④ 东京

第 6 課 　ドリル 1：p44
1 ① 累 　 ② 介绍 　 ③ 绿茶 　 ④ 邮局

第 7 課 　ドリル 1：p48
1 ① 图书馆 　 ② 有意思 　 ③ 上课 　 ④ 打工

第 8 課 　ドリル 1：p52
1 ① 电车 　 ② 中日词典 　 ③ 麻婆豆腐 　 ④ 富士山

第 9 課 　ドリル 1：p56
1 ① 公交车 　 ② 肉包子 　 ③ 水果 　 ④ 护身符

第 10 課 　ドリル 1：p60
1 ① 开车 　 ② 蔬菜 　 ③ 锅贴儿 　 ④ 比萨饼

第 11 課 　ドリル 1：p64
1 ① 盒饭 　 ② 旗袍 　 ③ 西瓜 　 ④ 火锅

第 12 課 　ドリル 1：p68
1 ① 跑步 　 ② 乒乓球 　 ③ 客厅 　 ④ 滑雪

第 13 課 　ドリル 1：p72
1 ① 茅台酒 　 ② 双肩包 　 ③ 毛衣 　 ④ 厨房

第 14 課 　ドリル 1：p76
1 ① 脚 　 ② 开会 　 ③ 哭 　 ④ 打扫卫生

第 15 課 　ドリル 1：p80
1 ① 颜色 　 ② 零食 　 ③ 网球 　 ④ 挑食

第 16 課 　ドリル 1：p84
1 ① 温泉蛋 　 ② 钥匙 　 ③ 空调 　 ④ 感冒

スリム版 中国語で伝えよう！

検印省略	© 2021 年 1 月 15 日　第 1 版　発行
	2023 年 3 月 31 日　第 2 刷　発行

著　者　　　　　　　　　　　　　楊　凱栄

　　　　　　　　　　　　　　　　張　麗群

発行者　　　　　　　　　　　　　原　雅久
発行所　　　　　　　　株式会社 朝 日 出 版 社

〒 101-0065　東京都千代田区西神田 3-3-5
電話 (03) 3239-0271・72 (直通)
振替口座　東京　00140-2-46008
組版　欧友社
印刷　図書印刷
http://www.asahipress.com